Kabaleb

Einweihung in die Mysterien des göttlichen Werkes

Aus dem Spanischen von Marlis Koolen

Das Wort Kabbala bedeutet »mündliche Überlieferung«. Gemeint ist hier die mündliche Überlieferung der mystischen Erkenntnisse des Judaismus. Die Kabbala erklärt in symbolischer Form die Entstehung des Universums, die Beziehung des Menschen zum Göttlichen, und sie stellt die Schöpfung als göttliche Emanation dar, als das »grenzenlose Licht«, das sich im Baum des Lebens in Gestalt der verschiedenen Sephiroth kristallisiert. Die traditionelle Kabbala mit ihrem Hauptwerk, dem »Sohar« (geschrieben im Jahre 1280), ist aufgrund der verschleiernden Sprache für die meisten »ein Buch mit sieben Siegeln«.

Das Verdienst des spanischen Mystiker-Philosophen Kabaleb besteht darin, uns die verborgene Symbolik des Lebensbaumes zu entschlüsseln und abstraktes Wissen in praktische Gesetzmäßigkeit und Lebensweisheit umzusetzen. Kabaleb orientiert sich hierbei an den 22 Verbindungslinien, den »Wegen«, durch die die 10 Sephiroth miteinander in Kontakt treten. In 22 Kapiteln entfaltet sich ein großartiges Panoptikum, das anhand astrologischer und biblisch-esoterischer Gesetzmäßigkeiten die Struktur des Universums und Sinn und Ziel des Menschseins erläutert. Ein Buch voll praktischer Weisheit und Tiefe!

Esoterik

Herausgegeben von Gerhard Riemann

Deutsche Erstausgabe August 1991
© 1991 by Droemersche Verlagsanstalt Th. Knaur Nachf., München
Das Werk einschließlich aller seiner Teile ist urheberrechtlich geschützt.
Jede Verwertung außerhalb der engen Grenzen des Urheberrechtsgesetzes ist ohne
Zustimmung des Verlages unzulässig und strafbar. Das gilt insbesondere für
Vervielfältigungen, Übersetzungen, Mikroverfilmungen und die Einspeicherung
und Verarbeitung in elektronischen Systemen.
Titel der Originalausgabe »Los Misterios de la Obra Divina«
© by Enrique Llop Sala
Umschlaggestaltung Peter F. Strauss
Satz DTP ba · br
Druck und Bindung Ebner Ulm
Printed in Germany
ISBN 3-426-04269-X
2 4 5 3 1

Inhalt

Vorwort

Dieses Buch wurde mit der Absicht verfaßt, dem suchenden Menschen das in Tausenden – oft auch verwirrenden – Büchern verstreute Wissen über das Okkulte zugänglich zu machen. Wir waren darum bemüht, die göttlichen Gesetze für das Funktionieren unseres Universums zusammenhängend und überschaubar darzustellen. Das Wissen von diesen Gesetzen erlaubt dem Menschen, im Einklang mit ihnen zu leben und zu wirken, um sich schließlich in einem Raum zu bewegen, der nicht gekennzeichnet ist von Unglück, Bösem, Unfällen, Krankheiten usw. – alles Produkte der Unkenntnis von den Regeln der Welt, in der wir leben. In den Lektionen geht es auch um Regeln bzw. Muster des Verhaltens; und der Leser, der mit diesen Kenntnissen vertraut werden will, lernt die Resultate kennen, die er aufgrund seiner Taten erhoffen kann.

Der Inhalt der Lehre stammt aus der hermetischen Tradition, deren Schriften vom Mysterium der Welt berichten. In diesem Buch sollen die Zusammenhänge sichtbar werden, und den Schülern der verschiedenen Richtungen wird ein Leitfaden an die Hand gegeben, der zu einem tieferen Verständnis ihrer Lehre beizutragen vermag. So ist es jedenfalls in den vergangenen Jahren geschehen, als der Text noch unveröffentlicht war und ausschließlich per Korrespondenz verbreitet wurde. Die hier vorgestellte Lehre richtet sich an den Abendländer;

sie ist abgestimmt auf das Denken von Menschen, die in der westlichen Welt und in einer bestimmten Logik leben. Wir können sagen, daß wir uns an den Menschen des 21. Jahrhunderts wenden, an den Menschen des Wassermannzeitalters, an jenen, der eine brüderliche Welt zu errichten hat, von der die Lehre des Christus spricht. Alle, die in ihrer inneren Natur den Pulsschlag der neuen Ära fühlen, mögen in diesem Buch die geistige Nahrung finden, die sie gerade suchen.

1. Lektion

Die Schöpfung

1. Dies ist die durch Hermes Trismegistos gegebene Lehre, den dreifachen Meister, der im alten Ägypten zu unserer Erde von seinem Heimatplaneten Merkur kam, als Botschafter der Gottheit. Alle, die Gott über den Weg des Verstandes suchen, indem sie das Wunder der Welt mit dem Verstand zu erfassen suchen, sollten ihre Meditationen mit einer Anrufung unseres älteren Bruders Hermes beginnen und ihn bitten, daß er ihre Tür der Intelligenz öffne und ihnen die notwendige Bescheidenheit gebe, um verstehen zu können.

2. Hermes legte in einen einzigen Satz das Wissen nieder, das erlaubt, das Universum zu verstehen. Er sagte: »Das Untere ist gleich dem Oberen, und das Obere ist identisch mit dem Unteren.« Das bedeutet, wenn wir die Mechanismen unseres Körpers vollkommen verstehen, dann werden wir auch die Gesetze begreifen, die unser Sonnensystem bewegen.

3. Unser Sonnensystem ist ein lebender Organismus und läßt sich auf makrokosmischer Ebene mit dem vergleichen, was der Mensch im mikrokosmischen Maßstab darstellt. Die Vielfalt der Sonnensysteme ist wie die Vielfalt der Menschen; und wenn man annimmt, daß alle Menschen zusammen die Menschheit formen, kann man

sagen, die Gesamtheit der Sonnensysteme bildet den göttlichen Körper.

4. Sprechen wir von der Gottheit, so ist es notwendig, eine wichtige Unterscheidung zu treffen: Wenn die Christen von Gott berichten, die Moslems von Allah etc., beziehen sie sich auf die Gottheit unseres Solarsystems, das heißt auf die Wesenheit, die all die Energien beherrscht, organisiert und verteilt, die im Tierkreis eingeschlossen sind.

5. Es gibt jedoch einen anderen Gott, der den Hermetikern als das »Höchste Wesen« bekannt ist; er ist es, der die Milliarden von solaren Systemen erschafft und organisiert, die im Kosmos existieren. Zwischen dem Höchsten Wesen und dem Gott unseres Sonnensystems gibt es eine unendliche Distanz im Grad des Wissens.

6. Das Höchste Wesen hat keinen Anfang und kennt kein Ende. Es ist die ewig existierende Wesenheit. In seinem Leben gibt es – wie beim Menschen – Tage und Nächte. Wenn dieses große Wesen erwacht, erleben wir die sogenannte Periode der Manifestation; wenn es schläft, nehmen wir an der großen kosmischen Nacht teil, in der jede Existenz sich in sich selbst zurückzieht.

7. Während seiner Nacht assimiliert das Höchste Wesen die Erfahrungen, die es am vorangegangenen Tag der Manifestation erworben hat, bis der Moment kommt, in dem es die starke Notwendigkeit neuer Schöpfungen fühlt. Dann ereignet sich das große Aufwachen, und die Mächte, die in seinen kosmischen Organismus eingeschlossen sind, erlangen Bewußtsein.

8. Jedes einzelne Element dieses großen Wesens erwacht ebenfalls und wird sich des Wissens wieder bewußt, das es am letzten Tag der Manifestation erworben hatte; es nimmt die Position in der Evolutionshierarchie ein, zu der ihm seine Kenntnisse das Recht geben. Ein weiterer großer Tag bricht an, und jedes Element ist beseelt von dem Wunsch nach einem neuen Leben.

9. So formen sich die verschiedenen Ebenen der Manifestation, auf denen die einzelnen Hierarchien ihren Sitz errichten. Es handelt sich dabei um kosmische Räume, die sich in der zunehmenden Dichte ihrer Materie unterscheiden, auch wenn das Wort Materie auf diesem Niveau als ein geistiges Gewebe verstanden werden muß, das jedesmal dichter wird.

10. Der Gott unseres Sonnensystems wirkt auf der siebten kosmischen Ebene, ebenso wie die Götter anderer Sonnensysteme auf den ihnen entsprechenden; das bedeutet, daß es über unserer Gottheit noch sechs Stufen gibt, und auf jeder entfaltet sich ein Leben sublimerer Natur, was für uns Menschen vollkommen unvorstellbar ist.

11. Zu Beginn seiner Schöpfung hat jeder Gott der verschiedenen Sonnensysteme einen Raum abgesteckt. Was uns betrifft, ist diese sphärische Grenze unter dem Namen Zodiak (Tierkreis) bekannt.

12. Der Tierkreis bildet sich aus zwölf Kategorien geistiger Wesenheiten, die wir namentlich kennen als Widder, Stier, Zwillinge, Krebs, Löwe, Jungfrau, Waage, Skorpion, Schütze, Steinbock, Wassermann und Fische. In

jedem dieser Zeichen wohnen geistige Wesenheiten, die in einer früheren Manifestationsperiode bereits ihre Schöpferkräfte erworben haben und zu Beginn dieser neuen Periode ihre Essenz zur Verfügung stellten, damit Gott sein Werk durchführen konnte.

13. Die Arbeit Gottes bestand darin, die zwölf zodiakalen Essenzen zu mischen und daraus all das zu formen, was heute in unserem solaren Universum existiert. Um seinen Plan zu verwirklichen, teilte er seinen Raum in sieben Sphären ein, gleich wie das Höchste Wesen den seinigen unendlichen in sieben Welten einteilte; er setzte als Zeit sieben kosmische Tage fest, um sein Werk zur Vollendung zu bringen.

14. Am ersten Tag differenzierte Gott aus sich selbst die jungfräulichen Geister, die wie die Funken einer großen Flamme sind. Die jungfräulichen Geister sind wir, die heutige Menschheit, die ihre Evolution an diesem ersten Tag begann, während vor uns schon jene existierten, denen wir den Namen Engel geben und die damals einen Bewußtseinszustand ähnlich dem der heutigen Pflanzen hatten. Wir waren die »Mineralien« dieses ersten Schöpfungstages.

15. Auf den ersten Tag folgte eine kosmische Nacht, die nicht mit der großen Nacht des Höchsten Wesens verwechselt werden darf, von der wir schon unter Punkt 6 sprachen und die sich nur am Ende einer Manifestationsperiode ereignet. Die Nacht, von der wir jetzt reden, findet auf dem Niveau unseres Universums statt, und in ihr assimi-

liert unser Gott die Erfahrungen des ersten Tages, was sich über einen Zeitraum von Tausenden unserer Jahre erstreckt.

16. Mit seinem Erwachen begann der zweite Schöpfungstag, an dem wir einen Zustand durchliefen, der demjenigen der jetzigen Pflanzen ähnlich war, während eine neue Lebenswoge zur Welt kam und unseren früheren Platz, die Mineralwelt, besetzte.

17. Es folgte eine neue Nacht und ein erneutes Aufwachen zum dritten Tag der Schöpfung. In dieser Periode war unser Bewußtseinszustand dem der Tiere ähnlich; die Lebenswoge, die am zweiten Tag ihre Evolution begann, erwarb ein Bewußtseinsniveau ähnlich dem der gegenwärtigen Pflanzen, während eine neue Lebenswoge das erstemal zur Welt kam und die Stelle der jetzigen Mineralien einnahm.

18. Eine weitere Nacht, ein weiteres Erwachen, und wir befinden uns im vierten, dem heutigen Tag, in dem wir – die jungfräulichen Geister des ersten Tages – das Selbstbewußtsein und die menschliche Etappe erreicht haben. Die heutigen Tiere begannen ihre Evolution am zweiten Tag, unsere Pflanzen am dritten Tag, und die neue Lebenswoge, die ihre Evolution am vierten Tag begann, sind die heutigen Mineralien, die wir gebrauchen und bei unseren menschlichen Erfahrungen transformieren.

19. Der fünfte, sechste und siebte Tag bedeuten unsere Zukunft. Am fünften Tag werden wir Menschen das Allwissen erreichen; am sechsten Tag werden wir anfangen, die

Evolution von beseelten Wesenheiten zu leiten, und am siebten Tag werden wir die Kategorie der schaffenden Götter erobert haben, und der Gott unseres Sonnensystems wird sich zurückziehen, um sich auszuruhen und uns die Lenkung zu überlassen.

20. Die uns folgenden Lebenswellen werden durch dieselben Phasen der Entwicklung hindurchgehen: Die Tiere von heute werden die Menschheit des sechsten Tages, und die heutige mineralische Lebenswoge wird die Menschheit des siebten Tages.

21. Wir benutzen die unteren Lebenswellen in gleicher Art, wie die fortgeschritteneren Wesenheiten uns benutzen, aber wir üben unser schöpferisches Talent vor allem mit der heutigen mineralischen Lebenswoge ein. Wenn am fünften Tag die Mineralien in der Phase des Pflanzendaseins eintreten, werden wir die Leiter und Organisatoren ihres Lebens sein. Erreichen sie die tierische Phase, werden wir ebenfalls die Schöpfer dieser Spezies sein. Und wenn sie schließlich am siebten Tag Menschen sind, werden wir als Götter ihr Leben organisieren und über ihre Instruierung und ihr Glück wachen.

22. Wenn der siebte Tag zu Ende geht, werden alle kosmischen Pläne vom Höchsten Wesen absorbiert, und es findet die große Nacht statt, in der alles sein, aber nicht existieren wird. Beim Erwachen des Höchsten Wesens zu einer neuen Periode der Manifestation werden auch wir mit schöpferischen Kräften ausgestattet sein, um ein neues Sonnensystem zu konstruieren.

Fragen

Am Ende jeder Lektion – ausgenommen die zweiundzwanzigste – finden Sie fünf Fragen, mit deren Hilfe Sie sich die wesentlichen Aussagen noch einmal vergegenwärtigen können.

1. Worin sind Menschen und Sonnensystem analog?

2. Welches ist der Unterschied zwischen dem Gott unseres Sonnensystems und dem Höchsten Wesen?

3. Welche Rolle spielt der Tierkreis?

4. Welchen Namen trägt die Lebenswelle, die ihre Evolution am ersten Tag begann?

5. Warum gibt es eine bestimmte Verbindung zwischen dem Menschen und der mineralischen Lebenswelle?

Die Schöpfung
(Fortsetzung)

1. In der vorangehenden Lektion bezogen wir uns kurz auf die Arbeiten der sieben Schöpfungstage und sagten, daß wir uns im vierten Tag befinden, nachdem wir eine mineralische, pflanzliche und tierische Phase durchlaufen haben, um das Selbstbewußtsein in dieser vierten Etappe zu erobern. Wir sahen ebenfalls, daß unter uns weitere drei Lebenswellen evolutionieren, die tierische, vegetabile und mineralische. Ebenso entwickeln sich über uns andere Lebenswogen, die wir wegen der hohen Schwingungsfrequenz ihrer Körper mit unseren physischen Augen nicht sehen können.

2. Konzentrieren wir nun unsere Aufmerksamkeit auf den vierten Tag, in dem wir leben. Zu Beginn der Arbeiten eines Schöpfungstages, nach einer kosmischen Nacht, findet eine Wiederholung der Arbeiten von den vorangegangenen Tagen statt. In einem esoterischen Ausdruck heißen diese Rekapitulationen »Runden«.

3. In der ersten Runde wiederholen wir die Arbeiten des ersten Tages, an dem unser Bewußtseinszustand dem Mineral ähnlich war, in der zweiten Runde rekapitulieren wir unsere pflanzliche Periode, in der dritten Runde das Tierleben, und in der vierten Runde erobern wir das Selbstbewußtsein und unsere Attribute als menschliche

Wesen. Gegenwärtig befinden wir uns in der Mitte der vierten Runde am vierten Tag der Schöpfung.

4. Wir sagten in der ersten Lektion, daß Gott seinen Raum in sieben sphärische Ebenen einteilte, in denen sich sein Werk entfaltet. Diese sieben Ebenen heißen:
   1. Welt Gottes,
   2. Welt der jungfräulichen Geister,
   3. Welt des göttlichen Geistes,
   4. Welt des Lebensgeistes,
   5. Welt des Gedankens,
   6. Welt des Wunsches,
   7. physische Welt.
   Jede dieser Welten hat ihrerseits sieben Unterteilungen.

5. Am ersten Schöpfungstag entwickelte sich das Leben in der dritten, vierten und fünften dieser Welten, am zweiten Tag in der vierten, fünften und sechsten Welt, am dritten Tag in der fünften, sechsten und oberen Hälfte der siebten Welt. Am vierten Tag entfaltete sich unser Leben in der Welt des Gedankens, der Wunsch- und der physischen Welt. Das heißt, das Leben ist in seinem Prozeß der Manifestation immer mehr in Welten »herabgestiegen«, die zunehmend kristallisierter sind, und hat jetzt den höchsten Grad an Manifestation und den Punkt erreicht, an dem die Distanz zum Geist maximal ist.

6. Wenn man sagt, das Leben entwickelt sich in der Gedanken-, Wunsch- und physischen Welt, so bedeutet dies, daß wir alle einen physischen Körper besitzen, einen Wunsch- und einen Mentalkörper.

7. Wir wissen, daß der physische Körper aus der Materie aufgebaut ist, die sich in der physischen Welt befindet. Wir bestehen aus Eisen, Calcium, Zinn, Phosphor, Quecksilber etc. – all das gibt es in unserem Körper wie im Planeten Erde. Folglich werden auch unsere beiden höheren Körper aus dem Material ihrer zugehörigen Welten geformt sein, der des Wunsches und des Mentalen.

8. Diese zwei höheren Körper, die aus subtilerem Material als dem physischen gebildet und deshalb für unsere Augen unsichtbar sind, durchdringen unser physisches Vehikel und ragen zugleich etwas darüber hinaus. Genauso verhält es sich beim Planeten Erde – wie auch bei den anderen unseres Sonnensystems –, der in seiner Sphäre zwei weitere Planeten Erde trägt, der eine aus Wunschmaterie, der andere aus mentaler Materie aufgebaut. Diese beiden unsichtbaren Planeten, die der sichtbare transportiert, stellen das Evolutionsfeld von höheren Wesen dar, deren Existenz in früheren Perioden der Manifestation ihren Anfang nahm.

9. Auch wenn wir das Thema in späteren Lektionen vertiefen, weisen wir an dieser Stelle schon darauf hin: Die Existenz von drei Körpern in uns bedeutet, daß sich unser Leben, wenn die Existenz des physischen Körpers zu Ende geht, im Wunschkörper fortsetzt; und wenn dieser vergeht, wandert das Leben über in den Mentalkörper.

10. Von den drei Körpern ist der physische der einzige, der einen ausreichenden Reifegrad erreicht hat, um Lebensträger zu sein.

11. Der Grund dafür ist, daß uns das Uratom des physischen Körpers während des ersten Schöpfungstages durch die geistigen Hierarchien eingepflanzt wurde, die in jener Periode aktiv waren und die esoterisch »Herren der Flamme« heißen. Da er der älteste der Körper ist, hat er an diesem vierten Tag seine volle Reife erreicht.

12. Am zweiten Schöpfungstag wurde uns das Uratom des Vitalkörpers eingepflanzt, durch die »Herren der Weisheit«. Es handelt sich nicht um einen eigenständigen Körper, er ist vielmehr ein Attribut des physischen Körpers, der die Sinneswahrnehmung ermöglicht. Beim Sterben löst sich der Vitalkörper gemeinsam mit dem physischen auf.

13. Am dritten Schöpfungstag wurde uns das Uratom des Wunschkörpers durch jene Hierarchien eingepflanzt, die sich die »Herren der Individualität« nennen. Es ist also ganz natürlich, daß unser Wunschkörper noch nicht die Reife und Organisation hat, über die der physische verfügt, der im Laufe der Tage »geworden« ist.

14. Am gegenwärtigen vierten Schöpfungstag haben uns die sogenannten »Herren des Intellekts« das Uratom des Gedankenkörpers eingepflanzt, womit die Fähigkeit des Denkens für uns eine erste kurzfristige Erwerbung ist: Dieser Körper ist noch nicht so weit ausgearbeitet, um sein Gesetz zur Geltung zu bringen, so daß in der Konfrontation zwischen Wünschen und Verstand gewöhnlich die Wünsche gewinnen, da sie aus einem strukturierteren Körper hervorgehen.

15. Wir sagten unter Punkt 1, daß sich auf unserem physischen Planeten vier Lebenswellen entwickeln: die mineralische, vegetabile, tierische und menschliche. Wie im sozialen Leben hat auch jede Welle ihre Fortgeschrittenen, ihre Pioniere und jene, die zurückbleiben. Beim Übergang von einem Tag zum anderen bleibt immer eine Gruppe zurück, die nicht in der Lage ist, sich die entsprechenden Lektionen des neuen Tages anzueignen; gegenüber den Fortgeschrittenen befindet sich diese Gruppe in einer unterlegenen Situation.

16. Die Angehörigen der menschlichen Lebenswoge, die an den beiden ersten Tagen zurückblieben, sind jene Wesen, die wir als Anthropoiden kennen: Affen, beispielsweise Gorillas, aber auch Bären. Sie gehören zur menschlichen Lebenswelle, doch ohne eine Möglichkeit, zu ihren Brüdern wieder aufzuschließen. Der Mensch und der Affe stammen nicht von gemeinsamen Vorfahren ab, wie Darwin dachte, sondern der Affe ist eine Degeneration des Menschen, ein Wesen, das zu einem bestimmten Zeitpunkt nicht dem Rhythmus der Evolution folgen konnte.

17. Jene der menschlichen Lebenswoge, die am dritten Tag zurückblieben, sind die Mongolen und alle Angehörigen der in Urwäldern lebenden Rassen. Mit Erfolg durch die Prüfungen gingen die Inkarnierten der heutigen zivilisierten Rassen.

18. Die heutige tierische Lebenswelle hat auch ihre Nachzügler – die Bäume und die immergrünen Pflanzen. Und die Zurückgebliebenen der heutigen vegetabilen Lebenswelle heißen Sand, Moore und Treibsand.

19. Auch die über dem Menschen stehenden Lebenswellen haben ihre Nachzügler. Unsere Evolution wird von den Nachzüglern des ersten und zweiten Tages nicht beeinflußt; andererseits geschieht das enorm durch die Nachzügler des dritten Tages.

20. Am dritten Tag hatten jene Wesenheiten einen uns heute ähnlichen Bewußtseinsgrad, denen wir den Namen Engel geben, und die Nachzügler dieser Periode sind uns als die Luziferianer bekannt.

21. Das Schlüsselwort jeder Evolution heißt »Anpassung«. Der Konflikt der Luziferianer mit ihrer Engel-Lebenswelle läßt sich reduzieren auf einen Anpassungsfehler an die Lebensbedingungen des dritten Tages.

22. In der Tat berichtet uns die esoterische Chronik, daß das vorherrschende Element des ersten Tages das Feuer war und am zweiten Tag das Wasser. Am dritten Tag ging es um das Kombinieren von Feuer und Wasser, damit sich die beiden Elemente wiedervereinen, anstatt gegensätzliche Kräfte zu bleiben. Die Luziferianer weigerten sich, an diesen Arbeiten teilzunehmen, und identifizierten sich mit dem Feuer. Damit schlossen sie sich vom normalen Plan der Evolution aus. Das war das Drama der Luziferianer, das wir im Detail in der nächsten Lektion erklären werden.

Fragen

1. Welche Zustände mußten wir durchlaufen, bis wir das Selbstbewußtsein erreichten?

2. Welche Verbindung besteht zwischen der Gedanken- und der Wunschwelt einerseits und unserem Gedanken- und Wunschkörper andererseits?

3. Warum ist unser physischer Körper ein geeignetes Vehikel, um Leben auszudrücken, und nicht die anderen Körper?

4. Wie steht es um die Pioniere und Nachzügler der verschiedenen Lebenswellen?

5. Welcher Fehler verhindert, daß Wesen dem normalen Evolutionszyklus folgen können?

Die Schöpfung
(Schluß)

1. Nach den zwei vorangegangenen Lektionen wissen Sie, daß wir Menschen zum erstenmal in der Arena der Evolution in dieser Manifestationsperiode des Höchsten Wesens erschienen sind. Die Tatsache, Neugeborene zu sein, der ersten Lebenswoge anzugehören, die beim Erwachen aus dem großen Schlaf ins Leben eintrat, gibt uns eine Art besonderer Obhut; wir sind so etwas Ähnliches wie die verwöhnten Kinder des Kosmos, und deshalb wurde der Mensch in der Bibel der König der Schöpfung genannt.

2. Die später angekommenen Lebenswellen – die gegenwärtigen Tiere, Pflanzen und Minerale – genießen nicht das gleiche Privileg und werden ihre Vervollkommnung nicht in dieser Periode der Manifestation erlangen. Sie werden einen neuen großen Tag erwarten müssen, um die Schöpferkräfte zu erhalten.

3. Die über uns stehenden Lebenswellen, ausgenommen die göttliche, unterliegen denselben Nachteilen wie die vorgenannten Kategorien. In der Tat stammen die Engel, Erzengel etc. aus einer früheren Periode der Manifestation und wurden daher nicht durch den Gott unseres Solarsystems geschaffen, sondern von einem Gott, der sich früher manifestierte und der jetzt höhere Funktionen im Kosmos ausübt.

4. Der Umstand, daß die Engel nicht Kreaturen unseres Gottes, sondern seine »Adjutanten« waren – sozusagen »Minister« –, brachte eine Situation hervor, die wir als Neid ihrerseits gegenüber uns definieren können. In den heiligen Büchern gibt es zahlreiche Episoden, in denen Engel Menschen vor Gott anklagen, während der Schöpfer unsere Verteidigung übernimmt.

5. Am siebten Tag werden wir die Schöpferkräfte erlangen und in einer weiteren Manifestationsperiode die Verantwortung für ein Universum übernehmen, da die Dinge in dieser Art geplant wurden. Andererseits werden die Engel, die uns immer an geistiger Kenntnis überlegen sind, auch weiterhin stets die Helfer einer höheren Hierarchie sein.

6. All das führte dazu, daß diese Kategorie von Wesen den Gott unseres Sonnensystems nicht als ihren wahren Besitzer und Herrn anerkannte, und in einem bestimmten Moment der Evolution brach Disharmonie unter den Engellegionen aus.

7. Der glänzendste Repräsentant der Engellebenswoge, Luzifer, weigerte sich, den Direktiven des Schöpfers zu folgen, und wurde daraufhin mit den Seinigen in den Abgrund geworfen.

8. Der Abgrund ist die große Lösung der Konflikte, welche die Gottheit erlebt. Die Luziferen führten nicht die erste Rebellion an, welche die Schöpfer niederschlagen mußten. Auf jeder Ebene der Schöpfung tauchen Konflikte auf – worüber wir später detaillierter sprechen werden –,

und die Harmonie wird wiederhergestellt, indem die Verursacher der Probleme auf ein niedrigeres Niveau geworfen werden.

9. Zu diesem tieferen Niveau tragen die Verworfenen ihr Licht, entzünden aber zugleich neue Herde der Disharmonie in den jüngeren Lebenswellen. Die neuen Abtrünnigen wurden nochmals in die Tiefe geworfen, bis sie den Boden des Abgrunds – das ist die Hölle, über die wir ausführlich in unserer nächsten Lektion sprechen werden – erreichten.

10. Das Motiv der Zwietracht bei den Engeln war ihre Weigerung, mit dem Element Wasser zu arbeiten. Die Luziferen waren sehr geschickt in der Beherrschung des Elements Feuer und akzeptierten nicht die Arbeiten der Kombinierung beider Elemente.

11. Das Feuer ist ein höheres Element als das Wasser. Im Menschen erzeugt das Feuer Enthusiasmus und Wissensdurst. Doch ebenso, wie wir die uns nährenden Mineralien nur durch die Pflanzen aufnehmen können, vermögen wir nicht, das Feuer im reinen Zustand zu assimilieren; es muß uns durch das Wasser gegeben werden, das Element, das zu den Empfindungen und Gefühlen in Beziehung steht. Das heißt, durch die Gefühle werden wir zur Spiritualität erwachen.

12. Als der vierte Schöpfungstag kam, in dem wir uns befinden, wurden die Luziferianer von der Engellebenswoge ausgeschlossen. Sie konnten keinen Vitalkörper bewohnen, wie dies bei den Engeln der Fall ist, waren aber zu

fortgeschritten, um in einem physischen Körper zu wirken.

13. Da sie ein physisches Organ für ihre Evolutionsarbeit brauchten, nisteten sie sich in der Wirbelsäule des Menschen ein, um von dort aus unsere geistige Entwicklung zu lenken.

14. Als die Seher sie in dieser langgestreckten Form (der Wirbelsäule) wahrnahmen, gaben sie den Luziferen den Namen Schlange. Mit diesem Wort werden sie in der Bibel und in den Evangelien beschrieben. Ihr Kopf berührt unser Gehirn, und ihr Schwanz grenzt an unser Sexualorgan.

15. Ihre Evolutionsnotwendigkeit verpflichtet die Schlangen-Luziferen, uns ihre Hilfe auf dem Weg zum Wissen zu geben. Sie tun dies nicht auf eine orthodoxe Art, sondern benutzen dabei das Element Feuer, das sie beherrschen. Die Impulse, die wir von ihnen empfangen, beschleunigen unseren Evolutionsprozeß, aber der Preis dafür ist Schmerz.

16. Die Luziferianer sind die Repräsentanten der sogenannten linken Hand Gottes, die sich durch Strenge ausdrückt. Ihr Wirken beschleunigt beträchtlich unser Verständnis der Dinge, läßt in uns aber die Maßlosigkeit eindringen, und deshalb werden wir der göttlichen Gerechtigkeit unterstellt. Die Luziferianer sind unsere Instruktoren, aber auch unsere Ankläger vor der Gottheit.

17. Die Engel führen uns mittels des Wunsch- und des Vital-

körpers, indem sie gemäß den Anweisungen des Schöpfers wirken; der Mensch ist jedoch sensibler für das Wirken der Luziferen, da sie aus unserer Mitte wirken und wir ihre »Stimme« leichter hören können.

18. Die Luziferianer begannen die Menschen über die Imagination anzutreiben. Deshalb sagt die Bibel, daß die Schlange Eva verführte, denn bei der Frau sind die imaginativen Fähigkeiten entwickelter als beim Mann, und sie ist empfänglicher für die Stimmen, die sich durch die Imagination Gehör verschaffen.

19. Die paradiesische Schlange versprach Eva, sie werde sie so weise wie die Götter machen, und wahrlich, mit ihrem Kopf vermittelt sie uns die Weisheit durch die Stimulierung unserer Gehirnfunktionen. Zugleich aber stimuliert ihr Schwanz die Sexualfunktionen, und das führte die Menschheit zum Verlust des Paradieses.

20. Durch die Intensivierung der Sexualität ließen die Luziferianer den Menschen die innere Vision der Gottheit verlieren, schnitten brutal seinen Kontakt zu den Engeln ab und unterwarfen ihn dem Gesetz der Notwendigkeit, wodurch wir ein ums andere Mal zur physischen Welt zurückkehren müssen, um die Irrtümer aus vergangenen Leben zu berichten.

21. Doch ohne die Hilfe der Luziferianer hätte die Menschheit weder die Individualität erobert, noch wäre sie wirklich jemals frei geworden, sondern darauf beschränkt geblieben, ein »glücklicher Roboter« zu sein, der vom göttlichen Allwissen gesteuert wird.

22. Dank dem Dienst dieser Kategorie von Wesen an uns werden sie erneut zu Elementen, die in die göttliche Ordnung integriert werden.

Fragen

1. Worin besteht der wesentliche Unterschied zwischen der Engellebenswelle und der menschlichen?

2. Was war das Motiv der Disharmonie unter den Engeln?

3. Welche Bedeutung haben die Elemente Wasser und Feuer?

4. Warum werden die Luziferen in der Bibel Schlange genannt?

5. Warum wandte sich die paradiesische Schlange an die Frau, und welche Konsequenzen hatte ihre Intervention für unser Leben?

4. Lektion

Der Lebenszyklus

1. In den vorangegangenen Lektionen sahen wir, daß sich unser Leben in drei Welten abspielt, in der des Gedankens, des Wunsches oder des Astrals und der physischen Welt. Und um in ihnen leben zu können, stehen uns drei Körper zur Verfügung: der physische, der Wunsch- und der Mentalkörper.

2. Die physische Welt ist die einzige, in der sich der Mensch verwirklichen, Erfahrungen sammeln und fortschreiten kann. Der mentale und der emotionale oder Wunschkörper wirken über den physischen, der ihnen als Vehikel dient. Von daher kommt die enorme Bedeutung, welche die physische Existenz für uns hat.

3. Wenn der physische Körper stirbt, zieht sich unser Leben in den Wunschkörper zurück und setzt in ihm seine Evolution fort. Im Moment des Todes steigt das Uratom des physischen Körpers, das sich während des Lebens in der Ventrikelspitze links des Herzens befindet, zum Gehirn auf und verläßt den Körper über die Furchen des parietalen und okzipitalen Gehirnbereichs. Die Hellseher können dieses Phänomen des Austritts der höheren Körper durch den Kopf betrachten.

4. Das Ur- oder permanente Atom beinhaltet die Eindrücke

all der Erfahrungen durch den physischen Körper während des Lebens. Dieses Atom folgt uns durch die ganze Kette von Inkarnationen, und in ihm ist zugleich das Gedächtnis unserer vergangenen Leben niedergelegt. Beim Tode geht es in den Wunschkörper über.

5. Der Weggang dieses Ur- oder permanenten Atoms bewirkt den Herzstillstand und den Scheintod des Menschen, denn wenn dies geschieht, befindet sich der physische Körper noch in Verbindung mit den höheren Körpern durch die sogenannte Silberschnur – ein glänzendes, silberfarbiges Band in der Form zweier umgedrehter Sechsen, das mit dem Herzen verbunden ist und die letzte Brücke zwischen Leben und Tod darstellt.

6. Durch die Silberschnur bewegen sich die Bilder des soeben beendeten Lebens in seinem ganzen emotionalen Gehalt. Diese Bilder stammen aus unserem Blut, in das sich unsere Erlebnisse eingeprägt haben sowie die Emotionen, die wir in den anderen durch unsere Verhaltensweisen auslösten. – Dieses Lebensregister geht also auf den Wunschkörper über durch die Brücke, die von der Silberschnur gespannt wird.

7. Dieser Prozeß dauert ein bis drei Tage, und es ist von größter Wichtigkeit, daß die verstorbene Person über Stille um sich herum verfügt, damit sich die Einprägung dieser Bilder in den Wunschkörper mit größter Genauigkeit vollziehen kann.

8. Solange die Silberschnur nicht durchtrennt ist, behält der Körper einen gewissen Grad an Empfindungsfähigkeit

bei, und die Seele kann ins Leben zurückgerufen werden – was allerdings nicht ratsam ist; denn der Prozeß des Sterbens an sich ist zwar nicht schmerzhaft, er wird es aber, wenn man die Person zwingt zurückzukommen und sie am Sterben hindert, wenn es eine unwiderrufliche Tatsache geworden ist.

9. Jeder Eingriff, den der Körper während der drei auf den Tod folgenden Tage erleidet, empfindet der Verstorbene als schmerzhaft, gleich, ob es sich um eine Autopsie, eine Einbalsamierung, eine Einäscherung oder die Entnahme von Organen für die »Wissenschaft« handelt wie Augen, Herz, Nieren etc.

10. Jedoch ist der große Schmerz dieser Eingriffe nicht physischer, sondern geistiger Art, weil der Verstorbene dadurch gehindert wird, unter geeigneten Bedingungen die Übertragung der Lebensbilder aus dem Blut zum Wunschkörper durchzuführen. Man kann sagen, daß ohne diese Bilder – wie wir später sehen werden – der Verstorbene drei Viertels seines Lebens verloren hat.

11. Auch Weinen, Wehgeschrei, die Gefühlsausbrüche der Familienangehörigen stören den Verstorbenen und hindern ihn daran, seine Aufmerksamkeit der Einprägung der Bilder zu widmen. Korrekt ist es, den Toten für drei Tage in einer Umgebung respektvoller Stille zu lassen, und danach kann der Körper eingeäschert werden, ohne daß die Seele den kleinsten Schaden nimmt.

12. Ist die Silberschnur einmal durchbrochen, so ist das Individuum bereits Bürger eine neuen Welt. Die Wunsch-

oder Astralwelt ist ein Globus, der exakt wie die Erde, aber aus subtilerem Material geformt ist, dem physischen Auge nicht sichtbar. Diese Materie durchdringt den physischen Globus und reicht einige Kilometer über ihn hinaus, so daß sie etwas größer als die physische Welt ist.

13. Das neue Leben in dieser Welt hängt sehr von der Bewußtseinsstufe der verstorbenen Person ab. Der soeben Gestorbene wird immer erwartet, ebenso wie ein Baby von den Eltern in der physischen Welt erwartet wird, aber der Hinübergehende sieht nicht immer die Familienangehörigen, die kommen, ihn zu empfangen.

14. Hing der gerade Verstorbene sehr an der Erde, an seinem Geld, seinen Leidenschaften, seinen Lastern, dann wird es Zeit brauchen, bis sich seine Augen der neuen Welt öffnen. Er wird seine Sinneswahrnehmungen gegenüber dem neuen Universum versperren und seine Gefühle an die eben verlassene Erde heften.

15. Personen, welche die geistige Schau besitzen, erblicken die Trugbilder der Geizigen, die vor ihrem Geldschrank sitzen und verzweifelt sind, wenn sie sehen, wie ihre Erben mit großem Vergnügen das ausgeben, was sie mit soviel Liebe behüteten. Auf gleiche Art kann man sehen, wie die Trinker in das Innere der Weinfässer hineinkriechen in der Hoffnung, sich mit den Weindüften durchdringen zu können. Das gleiche widerfährt jenen, die noch den Hunger nach Sex behalten haben. Es handelt sich hier um wahrhaft leidende Seelen, die sich bei der kleinsten Gelegenheit in einen physischen Organismus

begeben, um durch den Lebenden jene Sensationen zu erfahren, die sie selbst nicht mehr aufnehmen können. Die von der Idee des Tötens Besessenen gehen an niedrige Orte in der Absicht, irgend jemanden zu einem Verbrechen zu veranlassen, der ebenfalls diese Idee in der Welt der Lebenden nährt.

16. Es gibt jedoch nichts Schlimmeres für ein Laster, als es nicht befriedigen zu können, und so kommt aufgrund der ständigen Frustrationen für diese Kategorie von Wesen einmal der Tag, an dem sie den nutzlosen Weg verlassen und ihre Augen für die Arbeiten öffnen, die sie in der neuen Welt erwarten. Dann entdecken sie auch ihre gestorbenen Familienmitglieder, entfernen sich von der Materialität und setzen damit ihr Leben innerhalb der Evolution fort.

17. Etwas Ähnliches geschieht mit jenen, die durch starke Bande mit Personen verbunden sind, die auf der Erde zurückbleiben. Deren Weinen, Wunsch nach Rückkehr, Verlassenheit, Ängste, Hilfe, die sie erbitten, die aber die Verstorbenen nicht geben können, halten letztere in enger Verbundenheit zu dieser Welt und nehmen ihnen jede Möglichkeit, dem Weg zu folgen, auf den sie sich unausweichlich begeben müssen. Eine derartig besitzergreifende Liebe einer lebenden für eine gestorbene Person ist im hohen Grade nachteilig für den Entkarnierten. Die richtige Liebe der Lebenden für die Toten besteht darin, daß sie ihnen wünschen, sich zu entfernen und voll ihre neue Situation zu erleben.

18. Die erste Erfahrung, die auf einen Gestorbenen wartet, ist die Begegnung mit einer Figur, die der »Hüter der Schwelle« genannt wird. In diesem Bild konzentrieren sich alle Vergehen, die er während seines Lebens ausgeführt hat. Hat er einen Mord begangen, wird es ein blutverschmiertes Bild sein, das immer abstoßend wirkt und einen starken Schock erzeugt. Trotzdem verfügt der Verstorbene über Hilfe, um diese Prüfung zu bestehen, und es entsteht in ihm kein größerer Schaden als bei einem großen Schock.

19. Bevor er zum rechtmäßigen Bürger der neuen Welt wird, muß er eine Periode mit der Reinigung von den begangenen Irrtümern durchleben. Er weilt dann in der untersten Region der Wunschwelt, welche die katholische Tradition als Hölle bezeichnet.

20. Das Lebenspanorama, das sich jetzt in den Wunschkörper eingeprägt hat, wird sich vor dem kürzlich Verstorbenen entfalten, der es ähnlich einem Film betrachten kann.

21. Es handelt sich jedoch nicht um das gesamte Leben, sondern nur um den mit Irrtümern behafteten Teil. Die Szenen laufen in umgekehrter Reihenfolge ab, beginnend bei dem letzten im Blut verzeichneten Bild, endend beim ersten, wenige Augenblicke nach der Geburt.

22. Das Individuum erlebt dann erneut sein Leben, aber mit der Besonderheit, daß es in sich das Leiden erfährt, das es in den anderen schuf. Hat jemand getötet, wird er die Ängste des gewaltsamen Todes fühlen. Er nimmt dies mit

33

derselben Intensität wie sein Nächster wahr, der es ur-
sprünglich empfand, bis er diese Erfahrung aus der Erinnerung an sein Leben herausgerissen hat, wie wenn
Fleisch in Stücke zerrissen wird. Das ist die Hölle. Wenn
die Bosheiten aus unserem Wesen entfernt worden sind,
verlassen wir diese Zone und gehen in eine Region mit
freundlicheren Perspektiven.

Fragen

1. Welche Funktion hat das Uratom?

2. Welche Rolle spielt die Silberschnur beim Sterben?

3. Warum sollte an einem Verstorbenen in den ersten drei
   Tagen nach dem Tod nichts Gewaltsames vorgenommen
   werden?

4. Welche Auswirkungen haben eine exzessive Lebenswei-
   se und ein Verhaftetsein an den Dingen dieser Welt für
   den Verstorbenen?

5. Was geschieht in der Hölle?

Der Lebenszyklus

(Fortsetzung)

1. Die Wunsch- oder Astralwelt umfaßt sieben Regionen, die aus einer Materie mit abnehmender Dichtigkeit aufgebaut sind. Hier folgen die Namen, die jede dieser Regionen trägt, der dichtesten bis zur subtilsten:
   1. Region der Leidenschaften und niedrigen Wünsche,
   2. Region der Beeindruckbarkeit,
   3. Region der Sehnsucht,
   4. Region der Gefühle,
   5. Region des Lebens der Seele,
   6. Region des Lichts der Seele,
   7. Region der Macht der Seele.

2. In den drei ersten Regionen wirkt die Kraft der Abstoßung, deren Aufgabe es ist, alles in ihrem Umkreis zu zerstören. In den drei oberen Regionen regiert die Kraft der Anziehung, deren Mission darin besteht, das zu vereinen und zu stärken, was in ihren Bereich eintritt.

3. Weil sich das Böse in den drei ersten Regionen konzentriert, zerstört die dort tätige Kraft die Abstoßung es ständig und macht damit dessen Stärkung und Weiterentwicklung unmöglich.

4. Im Gegensatz dazu konzentriert sich das Gute in den drei oberen Regionen, und die in diesem Bereich wirkende

Kraft der Anziehung ermöglicht seine Stärkung und macht es jeden Tag wirksamer. Aus diesem Grund verliert im Kampf des Guten gegen das Böse immer das letztere.

5. Wenn der physische Körper stirbt und wir im Wunschkörper leben, bilden die genannten sieben Regionen unsere sieben Hüllen, die – aufgebaut wie bei einer Zwiebel – aus sieben Schichten bestehen. Es ist so, als würden wir sieben Mäntel tragen, die wir nach und nach ablegen gemäß dem Ausmaß, in dem die Kraft der Abstoßung deren jeweilige Materie zerstört.

6. Im Moment des Sterbens befinden wir uns also in der ersten Region, jener der Leidenschaften und niedrigen Wünsche. Ihr entspricht die Hölle, und alles an Leidenschaften und niedrigen Wünschen in uns wird auf die Art zerstört werden, wie wir es in der letzten Lektion erklärt haben. In dieser Region herrscht vollkommene Dunkelheit und ein Gestank, der charakteristisch für verwesende Materie ist. Die Kraft der Abstoßung sammelt die Abfälle, um sie zu verbrennen und erneut der Urmaterie dieser Region einzuverleiben.

7. Die Auflösung dieser ersten Hülle unseres Wunschkörpers verursacht Schmerzen, der in unser Bewußtsein den Sinn für Rechtschaffenheit einprägt, denn – wie früher erklärt – dieser Schmerz geht aus den niederen Taten hervor, die wir begangen haben, und wir erfahren das Böse, das in jenen entstand, gegen die es sich richtete.

8. Nachdem wir den Film unserer üblen Taten ganz gesehen

haben und unser Bewußtsein Kenntnis genommen hat von den Konsequenzen des schlechten Handelns, wird die erste Hülle aufgelöst, und wir beginnen in der zweiten Hülle, in der Region der Beeindruckbarkeit, zu leben. Hier befindet sich das Fegefeuer.

9. Erneut läuft der Film unseres vergangenen Lebens in umgekehrter Richtung ab, aber das Thema ist ein anderes: Wir sehen nicht mehr unsere niedrigen Taten, sondern die Auswirkungen unserer Untreue, unserer Intoleranz, unserer kleinen menschlichen Fehler. Das Leiden, das es in uns hervorruft, ist viel geringer.

10. Befreit von der zweiten Hülle, gehen wir zur dritten Region über, jener der Sehnsüchte, um unsere dritte Hülle zu verarbeiten. Wieder entfaltet sich der Film unseres letzten Lebens vor uns, damit wir die Wirkung unserer ungerechten Launen erkennen. Es geht jetzt um das Böse, das wir ohne bewußte Absichten erzeugten. In dieser Region leben beispielsweise Sensationsreporter mit großer Intensität, die dort die negativen Auswirkungen ihrer Schriften auf das Publikum betrachten können, an das sie sich wandten. Ähnlich verhält es sich bei Verlegern von Pornographie. Die Besitzer von Jagdgebieten, die für die Öffentlichkeit nicht zugänglich waren, erleben den Zorn der Personen, die sich wegen dieser ungerechten Besitznahme außerstande sahen, die Natur zu genießen. Die Politiker, die sich in ihren Handlungen irrten, sowie jene, die ganz allgemein indirekte Verursacher von Bösem waren – sie alle können sich dort ihrer Irrtümer bewußt werden.

11. Diese drei unteren Regionen der Wunschwelt bilden den Kern eines reinigenden Bereichs, in dem das Individuum ungefähr für ein Drittel seiner vorherigen Lebenszeit bleibt. Das heißt, wenn ein Mensch neunzig Jahre lebt, würde er einen Zeitraum von dreißig Jahren in diesen Regionen verbringen.

12. Die dort ausgeführte Arbeit ist sehr wichtig, weil sich das Individuum Charakterstärke und ein Bewußtsein der Irrtümer erwirbt, und in einem neuen Leben, auch wenn es die Geschehnisse der frühen Existenz nicht in Erinnerung hat, wird es dank des erworbenen Wissens nicht in die gleichen Irrtümer fallen.

13. Es ist deshalb von großer Wichtigkeit, daß der Verstorbene über klare Bilder aus dem vergangenen Leben verfügt. Wenn die Einprägung des Films unter schlechten Umständen erfolgte, weil das Sterben von einem emotionalen Klima umgeben war, das ihm nicht erlaubte, die Aufmerksamkeit auf seine Arbeit zu richten, oder weil dem Leichnam Gewalt zugefügt wurde, werden sich die Bilder nicht mit der erforderlichen Stärke eingravieren, und die bewußtseinsmäßige Aufnahme wird nur halb erfolgen.

14. Der Durchgang durch die unteren Regionen ist verpflichtend für alle, die in ihrem Wunschkörper Materie tragen, welche der Dichte dieser Region entspricht. Der Durchgang kann jedoch vermieden werden, wenn man alle Tage vor dem Schlafengehen eine Rückschau durchführt, indem man sich die Ereignisse des vergangenen Tages

noch einmal ansieht und des begangenen Bösen bewußt wird, sich dann vornimmt, den Fehler zu bereinigen und jedes abweichende Verhalten zu eliminieren. Wer dies mit Aufrichtigkeit vollzieht, wird beim Tod direkt in die oberen Regionen übergehen, ohne die Welten zu passieren, die der schmerzlichen und zerstörenden Kraft der Abstoßung unterstellt sind.

15. Die vierte Region, die der Gefühle, ist ein neutraler Bereich. Sie ist weder Hölle noch Himmel. Sie ist ausschließlich für die Gleichgültigen reserviert, für jene, die durch das Leben gingen, ohne Böses, aber auch ohne Gutes zu tun: Sie beschränkten sich darauf, ihre Pflichten zu tun, gemäß Regeln und Normen, ohne an etwas aktiv beteiligt gewesen zu sein, ohne für eine Partei gekämpft, ohne irgendeine Überzeugung vertreten zu haben, ohne einen einzigen Glaubensfunken.

16. Diese Klasse von Individuen bleibt für Jahrhunderte in der vierten Region; sie führen ein langweiliges Leben ohne jede Perspektive, unempfänglich für jeden äußeren Einfluß, im festen Glauben, daß dieser Zustand einmal mit einem endgültigen Tod zu Ende geht, und ohne sich an dem Erwerb irgendeiner Erfahrung zu erfreuen. Sie sind die Lauen, die Gott aus seinem Munde ausspeit.

17. Nachdem es seinen Aufenthalt in den unteren Regionen beendet hat, geht das Individuum zu den drei höheren Regionen der Wunschwelt über, die mit dem Namen »Erster Himmel« in Verbindung stehen.

18. Dort ändert sich das Milieu vollkommen. In der untersten

dieser Regionen, der fünften, sieht die Seele erneut das Panorama ihres letzten Lebens, aber nicht in den negativen, sondern in seinen positiven Aspekten. Dort können wir das Gute betrachten, das wir getan haben, und wir fühlen all die Dankbarkeit, Zuneigung und Liebe, die wir in den anderen erzeugt haben. Die in diesen Regionen aktive Kraft der Anziehung verleibt unserem Bewußtsein all das Gute ein, das wir bei unserem Gang über die Erde verströmt haben.

19. Ist die Arbeit der Einverleibung der guten Taten in das Bewußtsein in der Absicht abgeschlossen, sie zu verstärken und einen Antrieb für gutes Verhalten in der Zukunft zu schaffen, dann wandert die Seele zur sechsten Region, ihrem endgültigen Sitz in dieser Welt. Dort wird sie in einer nie gekannten Glückseligkeit für Jahrhunderte leben.

20. In dieser sechsten Region kann sie ihr Haus bauen. Das Wunschmaterial ist extrem formbar, und die Vorstellung des Individuums reicht aus, um dieses Material in ein Haus zu verwandeln: jenes, in dem sie schon immer zu leben träumte.

21. Da die Wunschwelt auch die Welt der Farbe, des Lichtes, der Blumen ist, wird es möglich sein, wunderbare Gärten mit Blumen aus Farben zu erbauen, die es auf der Erde nicht gibt. In dieser Wohnung wird die Seele mit jenen Wesen leben können, die sie im vergangenen Leben liebte, mit denen, die auf sie schon warteten, und jenen, die später kommen, wenn sich ihre Lebenszeit erfüllt hat.

22. In dieser Region finden die Personen gemäß ihrer Affinität zusammen, so daß solche zusammenkommen, die auf der Erde durch eine gemeinsame Art des Fühlens verbunden waren. Außerdem ist hier die Wohnung der Liebe wie auch der Freundschaft. Je härter das Leben war, das man verlassen hat, um so größer ist das Glück, das man in diesem wahrhaft gelobten Land erlebt.

Fragen

1. Warum muß im Kampf zwischen Gut und Böse immer letzteres unterliegen?

2. Was muß geschehen, damit das Leben von der ersten zur zweiten Hülle übergeht?

3. Welches Ziel verfolgte der Schöpfer, wenn er uns in den reinigenden Regionen leben läßt?

4. Was geschieht in der vierten Region?

5. Wie gestaltet sich das Leben in der sechsten Region?

Der Lebenszyklus

(Fortsetzung)

1. In der vorangegangenen Lektion ließen wir die Seele in der sechsten Region der Wunschwelt zurück. Bevor wir den Pfad aufzeigen, der ihr noch zu gehen bleibt, sprechen wir über die Bewohner dieser Region.

2. Die drei unteren Regionen stellen den natürlichen Sitz der Luziferianer dar, eine Klasse von Wesen, die der Engelgeneration angehört und zu einem bestimmten Zeitpunkt ihrer Evolution zurückblieb, wie schon in der dritten Lektion beschrieben wurde.

3. In diesen drei Regionen »helfen« die Luziferianer dem Menschen, sich von seinen Sünden zu reinigen. Da es sich um Orte handelt, an denen die Abstoßungskraft wirksam ist und wo der Mensch Leiden erfährt, ist es natürlich, daß wir die Qualen mit diesen Wesen in Verbindung bringen. Die Luziferianer sind jedoch Akteure im Dienst einer Notwendigkeit, die wir selbst geschaffen haben, und in ihnen gibt es keine bösartige Einstellung gegenüber dem Menschen.

4. In diesen Regionen leben die Entkarnierten während ihres Durchgangs, die Elementale, die künstlichen Elementale und die verkörperten Menschen während des Schlafes.

5. Die Elementale sind die Korpuskeln, aus denen sich die Elemente bilden: Feuer, Wasser, Luft und Erde. Sie sind Mikroorganismen ohne Selbstbewußtsein und stehen dem zu Diensten, der sie zu beherrschen weiß. In diesen unteren Regionen »arbeiten« die Elementale mit der Kraft der Abstoßung, und ihr Auftrag ist die Zerstörung. Diese Kategorie von Wesen ist es, welche die Schwarzmagier für ihre niederen Unternehmungen benutzen.

6. Die künstlichen Elementale werden so genannt, weil sie nicht lebende Wesen, sondern menschliche Schöpfungen sind. Jeder Wunsch, den der Lebende aussendet, erschafft in der Wunschwelt eine Form. Wenn dieser Wunsch ständig wiederholt wird, Tag für Tag, wird die Form manifest und erlangt ein eigenes Leben in der Welt, die wir gerade studieren.

7. In diesen niederen Regionen befinden sich nur künstliche Elementale, die durch Haß, Rachsucht, Habgier, Ausschweifung etc. geschaffen wurden. Solche Wesenheiten stellen ein Konzentrat aus Haß oder Ausschweifung dar, das aufgrund der Antriebskraft der Elementale gegen eine lebende Person gerichtet werden kann, um in ihr eine Leidenschaft zu entfachen oder sie zu zerstören. Deshalb ist es wichtig, nicht in uns diese unreinen Wünsche zu nähren, die uns in Verbindung mit diesen Kreaturen bringen.

8. In diese Regionen begeben sich unsere Seelen während der Nacht, wenn wir schlafen; aber nicht alle Seelen gehen dorthin. Jedes menschliche Wesen schwebt, so

kann man sagen, auf dem mittleren Niveau seiner geistigen Höhe. Das heißt, die niederen und niederträchtigen
Personen, die im und für den Haß leben, können während
des Schlafs nicht in die hohen Regionen der Wunschwelt
eingehen und bleiben daher in den unteren Bereichen.

9. Jene, die auf höherem Niveau leben, werden auch dorthin
gehen, wenn ihr Verhalten während des Tages bewirkte,
daß die Schwingung ihres Organismus herabgedämpft
wurde. Ein solcher Abstieg findet statt nach der Einnah-
me von Alkohol, Tabak, Fleisch oder nach einem opulen-
ten Mahl und exzessiver sexueller Aktivität. Wenn wir
uns dieser Art von Lebensstil öffnen, werden wir uns in
den Regionen befinden, aus denen die Alp- und Horror-
träume kommen, und wir erleben ein Aufwachen mit dem
Gefühl von Müdigkeit und Beklemmung.

10. In diesen Regionen finden auch die Treffen statt zwischen den Schlafenden und den entkarnierten Familienangehörigen, die dort ihre Irrtümer bereinigen. Man kann
nicht sagen, daß dies glückliche Begegnungen sind, weil
jene, die in dieser Welt leben, nicht die Nützlichkeit des
Prozesses kennen, dem sie unterworfen sind, und daher
pessimistisch gegenüber ihrem weiteren Schicksal einge-
stellt sind. Es ist nicht ratsam, daß eine lebende Person
diese Begegnungen wünscht, die sich später unter guten
Bedingungen ereignen werden, wenn der Entkarnierte
zur sechsten Region fortgeschritten ist.

11. In den drei unteren Regionen herrscht Dunkelheit, in der
ersten ist sie total. Es gibt kein Licht, keine Farbe. Eine

Erhellung tritt in der vierten Region auf und hat das Aussehen einer Wüste, in der nichts geschieht.

12. Die drei oberen Regionen der Wunschwelt sind die natürlichen Wohnstätten der Engel und Erzengel. Sie leben dort wie wir auf der Erde und organisieren das Leben dieser Sphäre. Auch wenn sie in ständigem Kontakt mit den Entkarnierten stehen, die sich auf dem Durchgang befinden, wird der Mensch nicht immer ihre Gegenwart wahrnehmen, da zwischen ihnen und uns ein Evolutionsunterschied besteht, der sie unseren Augen verbirgt. Wer aber im Leben ihrer Existenz bewußt geworden ist, sieht und hört sie.

13. In diesen hohen Regionen leben auch die Elementale, die künstlichen Elementale, unsere Seelen während des Schlafes und die Gruppenseelen der Tiere. Wie wir schon in der letzten Lektion sagten, ist dort alles Licht und Farbe. In diesen drei höheren Regionen gibt es keine Nacht.

14. Diese Elementale verhalten sich nicht wie ihre Artgenossen in den unteren Regionen, und die weißen Magier können sie benutzen, um zu bauen, Harmonie zu schaffen, Frieden, Glückseligkeit, Gesundheit und Wohlergehen im allgemeinen. Wer es versteht, die Elementale der oberen Wunschwelt zu verwenden, kann wahre Wunder vollbringen.

15. Auch diese künstlichen Elementale sind wie die obengenannten menschliche Schöpfungen, jedoch aus höheren Sehnsüchten der Menschen hervorgegangen. Unter ihnen

muß man die Marien (der Schmerzen, der Tugenden, der Engel etc.) hervorheben. Die Gebete der Gläubigen schaffen in der Wunschwelt diese höheren Bilder, die eigenes Leben besitzen. Sie erscheinen den Sehern und übergeben die Botschaften, welche die Frommen in sie gelegt haben. Auf diese Art werden die Strebungen, die der Mensch an den Himmel richtet, ihm zurückgegeben in der Form von Botschaften, von seiner eigenen Spiritualität ausgehend.

16. Ebenso schaffen die für die Heilung der Kranken Betenden ein künstliches Elemental, das ein wahres Konzentrat von Heilkraft darstellt; es wird dann von den Heilern benutzt, um die Gesundheit im kranken Körper wiederherzustellen.

17. Erstaunliche künstliche Elementale entspringen der Folklore. In der Zeit um Weihnachten und der Drei Heiligen Könige erscheinen in der Wunschwelt St. Nikolaus und die drei Magier mit ihren Höfen und bringen phantastische Karusselle mit sich, voll von Spielzeugen und Süßigkeiten, die ewig durch die Vorstellungen der Kinder geschaffen werden. Jedes Jahr erleben die dort Lebenden ein großes Fest voll Lieder und Magie.

18. Dort befinden sich auch die künstlichen Städte, die durch die Imagination der Menschen geschaffen wurden, wie das neue mystische Jerusalem und andere von Schriftstellern erdachte Städte.

19. Wer auf der Erde aktiv die Spiritualität lebt, wer höhere Strebungen in sich trägt, geht während der Nacht, im

Schlaf, in diese Regionen, in denen er mit seinen verstorbenen Familienmitgliedern sprechen kann, die sich dort aufhalten und am Leben dieser Welt teilnehmen. Farbige Träume entstammen diesen Regionen und sind charakteristisch für einen tiefen Frieden und ein Wohlgefühl beim Erwachen.

20. Schließlich leben dort ebenfalls die Gruppenseelen der Tiere. Es sind Wesenheiten von einer fortgeschritteneren Evolution als die des Menschen und besitzen ein weit höheres Wissen. Deshalb sind manche Tiere mit Instinkten und mit einer Fähigkeit zum Bauen ausgestattet, etwa der Biber, die sehr viel höher entwickelt sind als jene des Menschen.

21. Die Gruppenseelen erscheinen mit dem äußeren Aussehen der Tiere, deren Evolution sie leiten, aber dort verbreiten sie keinen Schrecken. Alle Erfahrungen der Spezies werden von ihnen gesammelt und aufbewahrt, wenn es seine Individualität erlangt.

22. In diese Regionen gehen auch die Kinder, die sterben, noch bevor sie vierzehn Jahre alt wurden. Während die Lehrer-Engel in ihre Wunschkörper die Erfahrungen einprägen, die ihnen bei ihrem gewaltsamen Tod durch den Verlust des Blutes abhanden kamen, suchen andere Bewohner dieser Welt Zerstreuung mit ihnen, indem sie aus Wunschmaterie belebtes Spielzeug konstruieren, so daß diese Kinder, in Erwartung einer neuen Inkarnation, in einem wahren Paradies leben.

1. Warum haben die Luziferianer ihren Sitz in den unteren Regionen der Wunschwelt?

2. Welches Ergebnis von Haß und Leidenschaften zeigt sich in den niederen Regionen der Wunschwelt?

3. Was veranlaßt uns, im Schlaf in diese niederen Regionen zu gehen?

4. Was ist die Folge der Sehnsüchte und Gebete in den höheren Regionen der Wunschwelt?

5. Welche künstlichen Elementale gibt es, wie sind sie entstanden, und wie werden sie benutzt?

Der Lebenszyklus
(Fortsetzung)

1. Während in den drei unteren Regionen die Kraft der Abstoßung eine Hülle nach der anderen zerstört, hält die Kraft der Anziehung in den drei oberen Regionen den Wunschkörper zusammen, weshalb jede dieser Regionen nicht eine separate Welt darstellt, sondern sie bilden zusammen eine einheitliche.

2. Dennoch existiert ein wesentlicher Unterschied zwischen der sechsten und der siebten Region, denn während die sechste das Wunschmaterial anbietet, das notwendig ist, um Häuser, Blumen, Städte und vielfältige Formen zu erbauen, stellt die siebte Region das notwendige Material für die Inspiration und Kontemplation zur Verfügung.

3. Wer im vergangenen Leben die höheren Tugenden des Wunschkörpers kultivierte, seine Wünsche auf das Höhere richtete, ob durch die Ausübung der Kunst, der Meditation, des selbstlosen Gebetes oder des Wunsches nach dem Transzendenten, wer durch Taten, Gespräche und seine Menschenfreundlichkeit einem anderen den Zugang zum Höheren erleichterte – all diese Personen werden mit einem Wunschkörper ausgestattet sein, voll von Material der siebten Region, der ihnen ein intensives Leben ermöglicht, durch das sie an den Arbeiten teilnehmen können, die in dieser Region ausgeführt werden.

4. Während die große Masse in der sechsten Region eine glückliche Existenz ohne Probleme führen kann, wird die eben besprochene Elite die Talente und Tugenden kultivieren, die sie in der vergangenen Existenz entwickelt hat, dort ihr zukünftiges Leben planen und die Fähigkeiten der Hellsichtigkeit und Intuition erwerben. Denn diese Region ist es, die dem Menschen das »Material« anbietet, das ihm in der Zukunft das Sehen ermöglicht.

5. Dort schaffen die Maler wunderbare Bilder aus lebendigen Farben, die Schriftsteller finden Themen für ihre zukünftigen Werke, die Philosophen werden zu allen Bibliotheken der Welt Zugang haben, die Philanthropen werden die Hilfspläne für ihr zukünftiges Leben ausarbeiten … In dieser siebten Region bereitet die Seele ihre Zukunft vor und prägt dem Uratom ihres Wunschkörpers die faszinierenden Erfahrungen ein, die es dort erlebt.

6. Der Gott unseres Sonnensystems existiert nicht in der Wunschwelt, doch er hatte einmal in einem vergangenen Evolutionszustand einen Wunschkörper, und wenn er auch nicht verpflichtet ist, darin zu leben, kommt er dennoch freiwillig jeden Tag in diese siebte Region, und man kann mit ihm Kontakt aufnehmen, wenn an dem geographischen Ort, an dem man lebt, Mitternacht ist.

7. Aus diesem Grund standen die Schüler der alten Initiationsschulen immer um Mitternacht zum Meditieren auf. Zu dieser Stunde – so sagen es die überlieferten Lehren – besucht der Herr den Gerechten im Garten Eden, und wer wach ist und die Lehre während dieser Stunde studiert, empfängt die Erleuchtung.

8. Die Bewohner der siebten Region erhalten jeden Tag diesen wunderbaren geistigen Impuls, der in ihnen das Verständnis für die Gesetze der Welt keimen läßt, die ihnen in einem zukünftigen Leben erlauben werden, wahre Lichter auf dem Weg der anderen zu sein.

9. Nicht zuletzt lebt man in dieser Region in Bruderschaft mit Engeln und Erzengeln und empfängt die Lehren, die sie uns übermitteln können. Alle Schüler der Esoterik, die gemäß dieser Lehre zu leben versuchen, werden eines Tages mit vollem Recht Bewohner der siebten Region in der Wunschwelt sein.

10. Schließlich kommt der Moment, in dem das Ego seine Seele zu den höheren Aufgaben ruft und der Wunschkörper stirbt, ebenso wie der physische zu seiner Zeit. Dann zieht sich das Leben in den Mentalkörper zurück und verleibt in ihn die Uratome des physischen, ätherischen und des Wunschkörpers ein.

11. Trotzdem löst sich der Leichnam des Wunschkörpers nicht auf, wie das beim physischen Körper der Fall ist, weil die Materie, aus der er gebildet ist, ein autonomes Leben besitzt. Die von der Seele verlassenen Formen schweben weiter und sind unter dem Namen »Hüllen« bekannt. Sie besitzen die Fähigkeit, die Gefühle der Person zu übermitteln, die sie benutzte. Oft nehmen verspielte Elementale solche Hüllen in Besitz, bringen sie in Bewegung, und man hat den Eindruck, als ob es sich um Lebende handelt.

12. Dies ereignet sich insbesondere mit den Hüllen bekannter

Menschen. Wenn auf der Erde in einer spiritistischen Sitzung Dante, Cäsar oder Shakespeare gerufen wird, folgt diese Wesenheit dem Ruf, doch es ist nicht die unsterbliche Seele des Genius, die dorthin kommt, sondern seine Hülle, die durch Elementale belebt wurde; sie drückt sich mit Worten aus, die schon in den Werken benutzt wurden, und deshalb entsteht nie etwas Neues.

13. Wir sagten, daß der Mensch seinen Wunschkörper verläßt, um in seinem Mentalkörper zu leben. Der Transit von der einen Welt in die andere findet ohne Bewußtseinsverlust statt. Das Individuum ist sich voll der Tatsache bewußt, daß es einen Zustand verläßt, um in einen anderen einzugehen, und dieser Übergang wird von einer unbeschreiblichen Glückseligkeit begleitet.

14. In den hermetischen Schulen ist der Übergang als das Große Schweigen bekannt, weil alles um die Seele herum schweigt, die sich allein fühlt, zugleich aber in den höchsten Harmonien des Universums badet. Der Mensch hat das Gefühl, aus einem langen Exil in seine Heimat zurückgekehrt zu sein.

15. Nach dem Großen Schweigen kommt das Aufwachen, und die Seele befindet sich in einer Region, die Zweiter Himmel heißt und sich im unteren Teil der Gedankenwelt, der Region des Konkreten Gedankens, befindet.

16. Die Welt der Gedanken ist wie die Wunschwelt in sieben Regionen unterteilt. Die vier unteren, in denen der Mensch jetzt lebt, werden, von der unteren aufsteigend, wie folgt benannt:

1. Region der Archetypen der Form
2. Region der Archetypen der universalen Vitalität,
3. Region der Archetypen der Wünsche und Emotionen,
4. Region der Archetypen des Intellekts.

17. Der erste Eindruck des Geistes beim Erwachen zum Leben im Zweiten Himmel ist, in einem Ozean der Harmonie zu baden. Es dringen zu ihm die Klänge der Sphärenmusik, die beim Lauf der Sterne durch den Tierkreis entstehen. Manche Privilegierte auf unserer Erde, die über Hellhörigkeit verfügen, haben bisweilen diese Sphärenmusik wahrgenommen, die ein unbeschreibbares Gefühl hervorruft, das sich in einem Weinen vor Glück niederschlägt.

18. Es ist die Sphärenmusik, die den Zusammenhalt der Materie aufrechterhält. Wenn sie auch nur einen einzigen Moment zu erklingen aufhört, würden die festesten Stadtmauern zusammenstürzen. Dort begreift die menschliche Seele das höchste Mysterium der Harmonie, ohne die nichts existieren könnte.

19. In der Welt der Gedanken herrscht eine große Aktivität vor. Der Mensch, der diese Region erreicht, hat allen Egoismus abgelegt und wird gewahr, daß er Teil einer Lebenswelle ist, die wiederum einen Teil des Ganzen ausmacht.

20. Folglich hat jeder menschliche Bewohner dieser Region Zugang zum Wissen, das er selbst und die anderen erworben haben. Dort ist das Wissen ein gemeinsames Gut.

21. Dabei geht es nicht allein um das Wissen, das von den Menschen in ihrer letzten Inkarnation erworben wurde, sondern um das universale Wissen seit dem ersten Schöpfungstag, das in der sogenannten Akasha-Chronik in der Gedankenwelt zusammengetragen wird.

22. In der Akasha-Chronik findet der Mensch die Geschichte seiner vergangenen Inkarnationen vor; er kann wie in einem Film sehen, wer er war, mit wem er Verbindung hatte, was mit ihm seit der Zeit als vorgeschichtliches Wesen geschah; und er kann die Mission historischer Persönlichkeiten erfahren und verstehen. Es geht nicht darum, ein Buch mit einer Geschichte zu lesen, sondern um das sofortige Verständnis von dieser oder jener Figur und ihrer historischen wie kosmischen Bedeutung.

Fragen

1. Welche Vorteile erwarten den in der Wunschwelt, der während des Lebens die höheren Tugenden pflegte?

2. Welches Phänomen ereignet sich in der siebten Region der Wunschwelt, wenn es auf der Erde Mitternacht ist?

3. Wie lassen sich die Arbeiten der Seele in der siebten Region zusammenfassen?

4. Was würde geschehen, wenn für einen einzigen Tag die Sphärenmusik zu erklingen aufhört?

5. Warum hat die Seele in der Welt der Gedanken Zugang zum universalen Wissen?

Der Lebenszyklus

(Fortsetzung)

1. In der vorigen Lektion ließen wir die Seele in den vier unteren Regionen der Gedankenwelt zurück, die als der Zweite Himmel bekannt ist. Dort lebt die Seele für Jahrhunderte in ihrem Mentalkörper.

2. Ebenso wie der Mensch in der Wunschwelt die Erfahrungen assimiliert, die er auf der Erde durch seine Wünsche und Emotionen gemacht hat, und sie seiner Seele einverleibt, verarbeitet und inkorporiert er in der Gedankenwelt all das Material, das er während seines mentalen Lebens gesammelt hat. Die Gedanken haben dort eine exakte Form, und wer auf der Erde mentalen Irrtümern unterlegen ist, wird jetzt die korrekte Lösung finden. Nur wer während seiner Verkörperung das Denken geübt hat, wird in diesen Regionen ein bewußtes Leben führen. Hier auf der Erde zu denken, die intellektuellen Funktionen zu praktizieren bedeutet, sich Verdienste zu erwerben, um ein bewußter Bürger des Zweiten Himmels zu werden.

3. In diesen Regionen werden jedoch nicht nur die vergangenen Erfahrungen assimiliert, sondern es wird auch aktiv an der Vorbereitung der Zukunft auf der Erde gearbeitet. In der ersten Region der Gedankenwelt befinden sich die Archetypen der Form. Das bedeutet, daß alle Formen, die auf unserer physischen Welt existieren, dort

als Schemata vorliegen, als Projekte, gedachte Formen, die sich eines Tages zu materiellen Objekten kristallisieren: Berge, Täler, Pflanzen, Tiere, physische Körper etc.

4. Wer in seinem Mentalkörper dort lebt, hilft den in der Gedankenwelt aktiven Hierarchien beim Planen der irdischen Erfahrungen; das heißt, man trägt dazu bei, einen Rahmen festzulegen, innerhalb dessen sich das nächste physische Leben entwickeln soll – unter Berücksichtigung der jetzt notwendigen und der bereits gemachten Erfahrungen.

5. In der zweiten, dritten und vierten Region lernt der Mensch, sich einen Vital-, einen Wunsch- und einen Mentalkörper mit den archetypischen Kräften dieser Regionen zu erbauen (s. Punkt 16 der siebten Lektion). Jeder Körper braucht geeignete Organe, um bestimmte höhere Fähigkeiten auszudrücken; beispielsweise braucht ein Maler ein feines Auge, um Farbnuancen zu erfassen, ein Musiker ein geeignetes Ohr, um Schwingungen subtil wahrzunehmen, ein Philosoph ein sehr entwickeltes begriffliches Fassungsvermögen. Wenn der physische Körper dem Ego nicht gewisse Fähigkeiten anbietet – auch wenn der Mensch eigentlich ein bestimmtes Talent besitzt –, kann er es wegen der physischen Beschränkungen nicht ausdrücken. Dort lernt der Mensch, ein Organ zu schaffen, das ihm erlaubt, sein Talent zu entfalten.

6. Des Menschen Bestimmung ist es, ein schaffender Gott zu werden. Er verbringt deshalb in der Gedankenwelt seine Lehrzeit für die Beherrschung des Kreierens, und

auf der Erde benutzt er die erbauten Vehikel und wird sich dabei deren Fehler bewußt. Diese Erfahrungen erlauben ihm, sein Werk bei seinem nächsten Aufenthalt in der Welt der Gedanken weiter zu perfektionieren.

7. Wenn die Arbeit der Vervollkommnung seiner zukünftigen Körper und die Vorbereitung der physischen Welt, die in seiner nächsten Inkarnation Lebensbühne sein wird, abgeschlossen sind, stirbt auch der Mentalkörper, und der Mensch ist endgültig seiner materiellen Hüllen entledigt. Er ist dann reiner Geist, ausgestattet mit den Uratomen, die ihm zur Errichtung seiner Körper im neuen Leben dienen. Er erhebt sich so zu den oberen Regionen der Gedankenwelt, wo er in Kontakt mit dem Ego tritt.

8. Diese drei Regionen sind unter dem Namen Region der Abstrakten Gedanken bekannt.
   – Die fünfte enthält die Uridee des Wunsches und der Emotion in Tier und Mensch.
   – Die sechste beinhaltet die Uridee des pflanzlichen, tierischen und menschlichen Lebens.
   – Auf der siebten liegt die Uridee der mineralischen, pflanzlichen, tierischen und menschlichen Form vor.
   In diesen Regionen gibt es keine Formen. Alles ist lebendes, leuchtendes Magma, reiner schaffender Hauch. Dort wohnt unser Ego.

9. Das Ego ist unser geistiges Ich, unser Schöpfer-Ich, das über all unsere Kräfte verfügt. Die materiellen Körper, die wir besitzen – der physische, Wunsch- und Mentalkörper –, sind nur Vehikel des Egos, die es für den Erwerb

von Erfahrungen benutzt. Nach der Auflösung der entsprechenden Körper gehen die Erfahrungen auf das Ego über: unseren unsterblichen Teil, der keinen Tod kennt.

10. Seit seiner Erschaffung als jungfräulicher Geist, der aus Gott am ersten Schöpfungstag hervorging, verweilt das Ego in den Sphären, welche folgende Namen tragen:
   – Welt des göttlichen Geistes,
   – Welt des Lebensgeistes,
   – Welt des menschlichen Geistes.
   Letztere korrespondiert mit den höheren Regionen der Gedankenwelt. Wenn unser physischer Körper einen bestimmten Reifegrad erlangt hat, steigt das Ego zu ihm herab, um seinen Willen auszuüben. Wenn die drei Körper sterben, werden die jeweiligen Uratome im Ego niedergelegt. Dieser Übergang findet in der Grenzregion statt, die den unteren Teil der Gedankenwelt vom oberen trennt.

11. Auf diese Art legen nach jedem Leben auf der Erde die Uratome der drei Körper ihren Erfahrungsgehalt im Ego nieder, dessen Weisheit damit zunimmt.

12. Das Ego überträgt seinerseits auf seine späteren Körper die Erleuchtung, die es in den Sphären erwirbt, in denen es wohnt – das sind jene des dreifachen Geistes: göttlicher, Lebens- und menschlicher Geist –, und vereint dadurch das Wissen des Himmels mit dem der Erde.

13. Wenn wir schematisch das Gesagte über die Bühnen zusammenfassen, auf denen sich unser Leben entwickelt, haben wir sieben Welten von der physischen bis zur

göttlichen Welt. Ihre Bezeichnungen lauten folgender-
maßen:

1. physische Welt,
2. Welt des Wunsches,
3. Welt des Gedankens,
4. Welt des Lebensgeistes,
5. Welt des göttlichen Geistes,
6. Welt der jungfräulichen Geister,
7. Welt Gottes.

14. Jede dieser Welten ist sphärisch. Die Materie jeder Sphäre verliert in dem Maße an Dichtigkeit, wie sie sich der
Welt Gottes nähert, und jede der Sphären durchdringt die
untere und reicht Hunderte bis Tausende Kilometer über
sie hinaus.

15. Wenn unsere Augen die interne Struktur unseres Sonnensystems erkennen könnten, würden wir sehen, daß die
eben beschriebenen Welten so zusammenhängen, daß sie
eine Art Ring bilden mit der Sonne als zentraler Sphäre,
welche die Welt Gottes darstellt.

16. Das gleiche betrifft die übrigen Planeten unseres Sonnensystems, so daß die Sonne in ihrer Rotation sozusagen das
»Mühlrad« der planetarischen »Ketten« bewegt. Kein
Planet führt eine autonome Bewegung aus, und wenn
eines Tages die Sonne aufhörte, sich zu drehen, würden
alle Planeten bewegungslos am Himmel stehenbleiben.

17. Jeder dieser großen planetarischen »Arme« bewegt sich
mit einer eigenen Geschwindigkeit, so daß zu einem
bestimmten Zeitpunkt sich zwei planetarische »Arme«

im Raum überlappen können. Wenn sich dieses Phänomen ereignet, sprechen die Astronomen von einer Konjunktion der Planeten. Es kommt jedoch zu keiner Kollision, da sich nur die oberen Sphären eines jeden Planeten durchdringen, ohne daß etwas passiert. Es wäre anders, wenn es sich um die physische Sphäre der Himmelskörper handelte. Doch Gott hat sie so in verschiedenen Distanzen lokalisiert, daß sich ein physischer Zusammenstoß nie ereignen kann.

18. Bei dem eben Gesagten müssen wir das Bedeutsame betonen, das eine planetarische Konjunktion ausmacht: Wenn sich die oberen Sphären zweier Planeten durchdringen, »verbrüdern« sich die auf dieser Ebene lebenden Bewohner. Es kommt zu einem Austausch der Elemente beider Planeten, wodurch sie nach der Durchdringung auf der Ebene der Gedankenwelt zum Beispiel physisch auf dem anderen Planeten erscheinen können. Das jedoch ist nur Wesenheiten möglich, die sehr fortgeschritten sind und eine Mission zu erfüllen haben.

19. Wir kommen nochmals zur Natur des Egos zurück. Zusammenfassend läßt sich sagen, daß es unseren spirituellen Teil darstellt, der in den Welten des Geistes verblieben ist, in denen wir noch nicht mit Bewußtsein leben können. Dieser geistige Teil hat sich »Vehikel« geschaffen und sie in die Welt gesandt, um so Erfahrungen mit seinen Konstruktionen zu sammeln und zu sehen, welche Fehler sie noch haben. Das Resultat dieser Erfahrungen wird unserem Ego in der vierten Region der Gedankenwelt einverleibt.

20. Am Anfang konnte das Ego keinen Kontakt mit seinen Körpern herstellen, die den Gesetzen der Welt folgten, in der sie sich befanden, und nicht mit jenen, die in den oberen Welten herrschen, in denen das Ego wohnt. Aber nach und nach gewinnt das Ego die Herrschaft über seine Vehikel, und die Durchdringung von Ego und materieller Persönlichkeit wird jedesmal vollkommener. Es wird der Tag kommen, an dem sich das Ego volles Gehör in seinen unteren Körpern verschafft haben wird; und dann können wir sagen, daß das Gesetz des Himmels vollständig auf der Erde regiert.

21. Unser bewußtes Leben entwickelt sich also in den drei Welten: der physischen, Wunsch- und Gedankenwelt. Unser Ego lebt in drei weiteren Welten: in den oberen Regionen der Gedankenwelt, in der Welt des Lebensgeistes und in der des göttlichen Geistes. Es verbleibt noch eine höhere Welt, die der jungfräulichen Geister, zu der wir keinen Zugang haben. In dieser Welt entwirft Gott an jedem neuen Schöpfungstag eine Lebensform, die in den Fluß der Evolution eintaucht. Derzeit wird in der Welt der jungfräulichen Geister an der Konzeption einer neuen Lebenswoge gearbeitet, die am fünften Tag der Schöpfung erscheinen wird.

22. Wenn der Gedankenkörper stirbt, gehen alle Uratome auf das Ego über. Die materiellen Existenzen finden ihr Ende, und das Wesen, ohne Bewußtsein seiner Individualität, stärkt sich dort mit den hohen Schwingungen der Uratome. Doch es kommt sicher der Moment, in dem das Ego den Wunsch nach weiteren Erfahrungen fühlt, und es

beginnen von neuem die Arbeiten für eine nächste Inkarnation.

Fragen

1. Welche Arbeiten führt der Mensch in der Region des
   konkreten Gedankens aus?

2. Warum ist es wichtig, das Konstruieren eines perfekten
   physischen Körpers zu erlernen?

3. Was wird mit dem Ego bezeichnet?

4. Wodurch bewegt sich die Erde auf ihrem Orbit?

5. Warum ist es für das Ego schwer, sich Gehorsam bei
   seinen materiellen Vehikeln zu verschaffen?

9. Lektion

Der Lebenszyklus

(Fortsetzung)

1. In der vorigen Lektion sprachen wir über das Ego – im Besitz der Uratome seiner Körper, in der Region der Abstrakten Gedankenwelt, die auch Welt des menschlichen Geistes genannt wird. Ist ein Zeitraum verstrichen, der Hunderten von unseren Jahren entsprechen kann, fühlt das Ego die Notwendigkeit neuer Erfahrungen, die ihm das Voranschreiten zur Vollendung ermöglichen. Diese Notwendigkeit präsentiert sich in der Form eines Traumes. Das Ego »träumt« sein neues irdisches Leben, es sieht die Bilder der grundlegenden Erfahrungen, die es enthält, nicht die Details, und dieser Wunschtraum bringt es dazu, das Uratom des Gedankenkörpers in die Region des Konkreten Gedankens zu übertragen.

2. Es beginnt dann der Weg des Abstiegs in umgekehrter Richtung wie während der Periode des Aufstiegs zum Ego. Das heißt, das Uratom des Gedankenkörpers durchquert die vierte Region, in der sich die archetypischen Kräfte des Intellekts befinden, und zieht wie ein Magnet die Materie dieser hohen Region zu sich.

3. Je nach der Anziehungskraft des Uratoms wird es entsprechend viel oder wenig Materie aus dieser Region an sich binden können. Als Konsequenz wird sein zukünftiger Intellekt mehr oder weniger stark und aktiv sein – dies

ist abhängig davon, was in dieser Periode der Formung geschah.

4. Die Stärke der Anziehungskraft für die Mentalmaterie wird wiederum von der Aktivität bestimmt, die der Intellekt im vorherigen Leben hatte. Das gilt für die verschiedenen Teile des Mentalkörpers, die wie der physische Körper durch Übung gestärkt werden. Wer aktiv das Denken im vergangenen Leben übte, nicht notwendigerweise durch das, was gemeinhin unter intellektuellen Tätigkeiten verstanden wird, sondern im Lösen seiner menschlichen Probleme, der verfügt über ein sehr mächtiges Uratom und zieht eine große Menge Materie dieser Region für seinen zukünftigen Mentalkörper an.

5. Im Besitz von Materie aus der vierten Region wird das Uratom weitere aus der dritten erwerben, dann aus der zweiten und ersten – immer nach dem gleichen Prozeß, wie schon beschrieben wurde, durch Anziehung der jeweiligen Materie wie durch einen Magneten. Die Materiehüllen haben die Form einer Glocke, geöffnet an ihrer Basis und geschlossen an der Spitze, wo sich das Uratom befindet. Die Hülle, die zur vierten Region der Gedankenwelt gehört, wird außen bleiben, während sich die übrigen im Innern der »Glocke« plazieren.

6. Der neue Mentalkörper wird das Resultat der früheren Handlungen sein, jedoch nicht ausschließlich, da man zu den Erfahrungen, die durch die Körper gesammelt wurden, noch jene hinzuzählen muß, die das Ego in den höheren Welten seiner Evolution machte. Diese Erfah-

rung in der Beherrschung der Transzendenz trägt dazu bei, die Qualitäten des neuen Mentalkörpers zu verbessern.

7. Die Struktur des neuen Mentalkörpers wird in großem Ausmaß das zukünftige Wirken des Individuums in der Welt bedingen. Wenn die Umhüllung aus Materie der vierten Region stark und im Überfluß vorhanden ist, wird die Person intellektuell orientiert sein auf das Studium des Abstrakten, der Kunst, der Esoterik, all dessen, das über das Konkrete hinausgeht.

8. Wenn die mentale Materie der dritten Region dominiert, wird sich das Individuum, weil dort die Archetypen der Wünsche und Emotionen wirken, intellektuell für das Verständnis der emotionalen Mechanismen der Personen interessieren und im Emotionalen arbeiten.

9. Herrscht die zweite Region vor, die der Archetypen des universalen Lebens, dann wird sich das Individuum den Wissenschaften widmen, dem Verständnis der Mechanismen des Lebens.

10. Ist es die Materie der ersten Region, die der Archetypen der Form, wird sich die Person einem Studium der physischen Formen, ihrer Zusammensetzung und ihrer Entwicklung zuwenden. Die Formen – die menschliche eingeschlossen – werden auf sie eine wahre Faszination ausüben.

11. Ist der Mentalkörper der zukünftigen Existenz einmal geformt, tritt das Uratom des Wunschkörpers in Aktion

und beginnt, Materie aus der siebten Region der Wunschwelt nach dem schon beschriebenen Prozeß zu sammeln.
In dieser Region befindet sich die Substanz, die es erlaubt, geistige Macht auszuüben und sich in die Kontemplation über Gott zu begeben. Aus dieser Region erhalten
die Mystiker ihre hohen Visionen. Eine reichliche Hülle
aus dieser Materie wird es dem Individuum ermöglichen,
während seines zukünftigen irdischen Lebens in sehen-
dem und fühlendem Kontakt mit der Göttlichkeit zu
bleiben.

12. Es geht dann dazu über, Materie aus der sechsten Region
    zu sammeln, die Licht der Seele genannt wird, weil diese
    Materie es möglich macht, mit Klarheit Gefühle zu er-
    kennen und das Gute und Schlechte zu unterscheiden.

13. In der fünften Region wird es seine Hülle aus der Materie
    schaffen, die Leben der Seele genannt wird, denn sie
    ermöglicht es, mit größerer oder geringerer Intensität die
    emotionalen Erfahrungen zu erleben und daraus zu pro-
    fitieren.

14. In der vierten Region erwirbt es Materie, die ihm die
    Fähigkeit zum Fühlen verleiht. Dieser Teil des Wunsch-
    körpers ist sehr wichtig, da es von ihm abhängt, ob für ein
    bestimmtes Ereignis Interesse oder Gleichgültigkeit
    empfunden wird. Erregt es Interesse, dann verleibt sich
    dieses Ereignis unserem Leben ein und befruchtet unsere
    Erfahrung. Bewirkt es andererseits Desinteresse, dann
    kommt und geht das Geschehnis, ohne uns etwas Positi-
    ves oder Negatives zu hinterlassen.

15. Danach fängt das Uratom an, Materie aus den drei unteren Regionen der Wunschwelt zu sammeln. Wenn im vorherigen Leben ständig Leidenschaften und niedere Wünsche genährt wurden, wird dieser Teil des Wunschkörpers der kräftigste und den größten Druck auf das zukünftige Leben ausüben.

16. Wir besitzen also schon einen Mental- und einen Wunschkörper, geformt wie eine Glocke, an deren Äußerem sich der Gedankenkörper und im Innern der der Wünsche befindet. Jetzt stehen beide vor dem Tor des physischen Lebens auf der Suche nach einem physischen Körper, der ihnen die Manifestation erlaubt.

17. Hier fangen die Dinge an, komplexer zu werden, weil die eben beschriebenen Körper noch nicht in Glieder ausgeformt sind, sondern nur einfache Hülle darstellen. Der physische Körper hingegen ist etwas höchst Ausgearbeitetes, und außerdem muß das Uratom seine Materialien aus dem Innern eines anderen physischen Körpers nehmen. Es bedarf also einer regelrechten Organisation, die sicherstellt, daß der zukünftige physische Körper im mütterlichen Schoß die nötigen Materialien für seine neue Manifestation vorfindet.

18. Hier treten die Herren des Karmas in Funktion, die der Engelgeneration angehören und in Zusammenarbeit mit den sogenannten »Archivengeln« wirken, die mit der Registrierung der früheren Leben beauftragt sind.

19. Das Ego hat sich in seinem »Traum« vorgenommen, einen bestimmten Typ von Erfahrungen zu erleben, die

es bis jetzt noch nicht in Angriff genommen hatte, doch stellte es dabei nicht die Schulden in Rechnung, die seine sterblichen Körper bei ihrer bisherigen Pilgerschaft auf der Erde hinterließen. Die Erinnerungen an die früheren Leben zur Hand, lesen die Archivengel dem Ego die Summe von früher begonnenen Tätigkeiten vor, die es unumgänglich zum Abschluß bringen muß.

20. Dann entscheidet sich das Ego mit vollem Bewußtsein für den Teil der Schulden, der bezahlt werden soll; das heißt für den Teil des Schicksals, der ihm Geschehnisse bringen wird, die es notwendigerweise erleben muß und gegen die es nichts zu unternehmen vermag.

21. Kam ein Einverständnis zwischen dem Ego und den Archivengeln zustande, übergeben diese ihre Dossiers den Herren des Karmas, damit letztere für die Seele auf dem Weg zur Inkarnation eine geeignete Umgebung für den Ausdruck des Egos und der Bezahlung der Schulden finden, denen das Ego zugestimmt hat.

22. Auf dieser Grundlage fangen die Herren des Karmas mit ihrer Arbeit an und beginnen mit der Konstruktion eines Vitalkörpers, der das Gegenstück zum physischen darstellt und der in der physischen Welt die Fähigkeiten des Wunsch- wie des Mentalkörpers auszudrücken erlaubt. Der Vitalkörper wird also zum Vehikel, durch das die geistigen Kräfte in den physischen Körper eindringen, um ihn zur Tätigkeit zu veranlassen.

Fragen

1. Wovon hängt die Kraft des Uratoms ab, mehr oder weniger Materie aus den Regionen anzuziehen, durch die der Abstieg verläuft?

2. Auf welche Art und Weise hat die Zusammensetzung des Mentalkörpers einen Einfluß auf das zukünftige Leben?

3. Wie lassen sich kurz die mentalen Tendenzen zusammenfassen, die beim Individuum die Vorherrschaft einer einzelnen der vier Regionen der Mentalwelt zur Folge haben?

4. Wie lassen sich kurz die emotionalen Tendenzen zusammenfassen, die beim Individuum die Vorherrschaft einer der verschiedenen Regionen der Wunschwelt bewirken?

5. Welche Funktionen erfüllen die Archivengel und die Herren des Karmas?

Der Lebenszyklus
(Schluß)

1. Wenn eine Seele sich inkarnieren will, stehen die Herren des Karmas vor einer Aufgabe großer Komplexität. Ihre erste Arbeit besteht darin, für den Inkarnierenden Eltern zu suchen. Existieren karmische Bande, welche die zukünftigen Eltern verpflichten, sich mit der Erziehung des Kindes zu befassen, gibt es kein Problem: Es genügt, sie dort, wo sie sich gerade aufhalten, ausfindig zu machen. Es ist jedoch möglich, daß das spezielle Schicksal der zukünftigen Eltern sie so situiert hat, daß der eine in einer Stadt und der andere weit entfernt davon lebt. Dann werden die Herren des Karmas sich bemühen, sie zusammenzubringen, indem sie einem von ihnen die Idee einer Reise oder auch einer Auswanderung eingeben, die es ermöglicht, mit dem anderen Partner in Kontakt zu kommen. Das alles wird ohne Gewalt gegen das besondere Schicksal dieser Eltern stattfinden und im Einklang mit ihren Evolutionsnotwendigkeiten stehen.

2. Die karmischen Bande, welche die zukünftigen Eltern miteinander verbinden, können aus Haß oder aus Liebe bestehen. Wer in einer früheren Existenz eine Person getötet hat, wird ihr in der nächsten das Leben geben, so daß er unausweichlich deren Mutter wird. Ebenso werden zwei Menschen, die sich sehr liebten, durch diese Liebe

verbunden sein, die sie dazu bringt, in der gleichen Familie geboren zu werden.

3. Wenn weder karmische Bande existieren, die ein Individuum verpflichten, im Innern eines anderen geboren zu werden, noch jemand die Aufgabe der Erziehung des Inkarnierenden übernehmen muß, dann wählen die Herren des Karmas im Einverständnis mit dem Ego eine Familie aus, die ihm die größten Möglichkeiten bietet, die Erfahrungen zu erleben, die es ausgesucht hat.

4. Wenn also ein Individuum in einer bestimmten Familie geboren wird, ist es nie ein Zufall, sondern immer eine Notwendigkeit. Kommt jemand in einem armen Haus zur Welt, so weil ihn seine Evolutionsnotwendigkeit dorthin gebracht hat; auf keinen Fall hätte er inmitten einer reichen Familie geboren werden können. Nur die Unwissenheit dieser Tatsache macht es möglich, daß manche Kinder ihren Eltern die Schuld dafür geben, daß sie in einem armseligen Milieu geboren wurden. Wenn es so geschah, dann deshalb, weil sie die Erfahrung der Armut kennenlernen mußten, ebenso wie sie früher die Fülle erlebt haben, zu der sie später zurückkehren werden.

5. Bevor die Herren des Karmas ein Heim für den Wiederinkarnierenden suchen, werden sie sich zuerst damit befassen, für ihn einen Vitalkörper zu erbauen. Dieser sogenannte Vitalkörper wird aus den vier oberen Regionen der physischen Welt gebildet und stellt den höheren Teil unseres physischen Organismus dar. Er ist aus vier Äthern unterschiedlicher Dichtigkeit zusammengesetzt,

wobei wir anmerken müssen, daß diese Bezeichnung nicht der Substanz entspricht, die früher als Betäubungsmittel verwendet wurde, sondern einer dampfartigen, nicht berührbaren und äußerst feinen Essenz, welche die Materie stets umgibt, die aber nicht in den Laboratorien analysiert werden kann. Die Hellseher sehen das »ätherische Doppel« vollständig, das ein paar Zentimeter über die physische Silhouette hinausragt.

6. Diese vier Äther heißen von oben nach unten:
   4. reflektierender Äther,
   3. leuchtender Äther,
   2. Lebensäther,
   1. chemischer Äther.
   Zusammen mit den drei Regionen der physischen Welt – den Gasen, Flüssigkeiten und Feststoffen – bilden sie die sieben Regionen, in die unsere Welt unterteilt ist.

7. Der Vitalkörper stellt das Vehikel dar, durch das sich die höheren mit dem physischen Körper verbinden. Ohne den Vitalkörper wären wir so unbelebt wie die Steine.

8. Der reflektierende Äther verbindet die vierte Region der Gedankenwelt, in der sich die archetypischen Kräfte des Verstandes befinden, mit dem Gehirn. Der Äther besitzt zwei Pole: Durch den positiven übermittelt das Ego seine Gedanken an seine sterbliche Persönlichkeit, und durch den negativen wird dem Ego das Gedächtnis des Lebens dargeboten. Ist der reflektierende Äther schwach oder spärlich, wird es den Gedanken nicht gelingen, sich im physischen Vehikel zu manifestieren.

9. Der leuchtende Äther verbindet die dritte Region der Gedankenwelt, in der sich die Archetypen der Wünsche und Emotionen befinden, mit dem physischen Herzen über seinen positiven Pol produziert er die Wärme des Blutes; durch seinen negativen verleiht er den Sinnen Leben, indem er das Sehen, Hören, Fühlen, Riechen und Schmecken ermöglicht. Wir können sagen, daß der Licht-Äther die Sonne ist, die in unserem Innern leuchtet. Jede Störung oder Schwächung dieses Äthers wirkt sich auf unsere physische Sinne aus und kann bis zum Verlust eines von ihnen – Sehen, Hören etc. – führen.

10. Der Lebensäther verknüpft die zweite Region der Gedankenwelt, in der die Archetypen des universalen Lebens vorliegen, mit den physischen Sexualorganen. Der positive Pol bringt Wesen männlichen Geschlechts hervor und befähigt die Frau, in sich ein neues Wesen entstehen zu lassen; der negative Pol ermöglicht im Mann die Samenproduktion und bringt Individuen weiblichen Geschlechts hervor. Schwäche oder Mangel an diesem Äther bewirkt Impotenz, Frigidität und Sterilität.

11. Der chemische Äther setzt die erste Region der Gedankenwelt (Archetypen der Form) in Verbindung mit der Milz, dem Eintritt des ätherischen Körpers in den Menschen und dem Organ, durch das jede Art von Energie im Körper verteilt wird. Der positive Pol steuert die Funktionen der Nahrungsaufnahme, der negative die Ausscheidungsfunktionen. Fehler bei diesem Äther generieren einen Zustand allgemein schlechter Gesundheit.

12. Ist der Vitalkörper ausgebildet, vereint sich sein Uratom mit denen des Wunsch- und des physischen Körpers, um die Silberschnur zu formen, deren Funktion beim Sterben wir bereits in der vierten Lektion besprochen haben.

13. Die vier Äther sind im Menschen verteilt, und jeder ist mit bestimmten Aufgaben versehen. In der Gedankenwelt befinden sich die Materievorräte, mit denen sie versorgt werden, in unbegrenzter Fülle, und das erlaubt den sofortigen Ersatz der Ätherart, die das Individuum gerade benutzt. Ein Mensch, der zum Beispiel sehr viel ißt, braucht viel chemischen Äther für Nahrungsaufnahme und -ausscheidung, weshalb ihm große Mengen zur Verfügung gestellt werden. Dies geschieht jedoch zum Nachteil der übrigen Äther; denn wenn der chemische Äther arbeitet, ist dies für die anderen Äther nicht bzw. nur unter schlechten Bedingungen möglich.

14. Das gleiche geschieht bei einem Menschen, der in großem Maß seine Sexualkraft benutzt. Er wird eine enorme Menge Lebensäther erhalten, um seinen Bedarf zu dekken, was allerdings bewirkt, daß sein sexuelles Bedürfnis auf Kosten der übrigen Äther noch mehr stimuliert wird.

15. Wer sein emotionales und intellektuelles Leben entwikkelt, wird schließlich ebenfalls große Mengen an Lichtoder reflektierendem Äther empfangen, und es werden sich sein sexuelles Leben und sein Appetit nach Speisen reduzieren. Nach Beendigung des Lebens finden sich jene, die in großem Ausmaß die unteren Äther gebraucht haben, in einer neuen Existenz mit einem ätherischen

Körper wieder, der diese Materie im Überfluß besitzt und dem nur wenig an höheren Äthern zur Verfügung steht, so daß – egal, wie robust ihr Mentalkörper auch sei – ihre Befehle nur sehr schwach im physischen Körper ankommen werden. Umgekehrt wird sich jemand, der höhere Äther in großem Maß benutzte, im nächsten Leben mit einem physischen Vehikel ausgestattet sehen, das gehorsam die Befehle seines Egos aufnimmt.

16. Auf dem Evolutionsweg kann kein Fortschritt stattfinden, wenn man nicht Ballast zurückläßt, indem man sich von einem Teil der unteren Äther – des chemischen und des Lebensäthers – befreit. Die einzige Art, dies zu erreichen, besteht darin, sie nicht zu gebrauchen; das heißt, nicht zuviel zu essen und eine maßvolle sexuelle Aktivität zu praktizieren.

17. Die Herren des Karmas werden also aus ihren Archiven die Kopie des früheren Vitalkörpers entnehmen und gemäß diesem Modell den zukünftigen gestalten. Sind die Eltern ausgewählt, so bleibt ihnen noch, ein passendes Datum zu finden, das sich durch die Position der Sterne dafür eignet, dem Geborenen die Energien zur Verfügung zu stellen, die er für die Durchführung seines Programms gemäß dem Plan des Egos und der karmischen Obliegenheiten benötigt. Wenn diese Sternenkonstellation eintritt, werden sie das Uratom des physischen Körpers in den Samen des zukünftigen Vaters legen.

18. Es gibt noch eine weitere Schwierigkeit zu lösen: Personen, die sich in früheren Leben weigerten, Träger für das

Leben zu sein – indem sie die Pille nahmen, abtrieben oder andere ähnliche Dinge durchführten –, werden Schwierigkeiten haben, sich zu inkarnieren, weil niemand zur Verfügung stehen wird, der ihnen das Leben gibt. Es kann geschehen, daß sie in dieser Situation Hunderte von Jahren verweilen müssen; sie stehen vor dem Tor des Lebens in der Wunschwelt und warten mit verschränkten Armen auf eine Gelegenheit.

19. Das Ego tritt achtzehn bis einundzwanzig Tage nach der Zeugung in das Innere der Mutter ein und beginnt dort mit dem Aufbau seines zukünftigen Körpers mit den Materialien, die ihm die Mutter bereitstellt. Wenn die Mutter eine Abtreibung vornimmt, bedeutet dies, daß alle Vorbereitungsarbeiten der höheren Welten umsonst ausgeführt wurden, und das Ego wird in die Wunschwelt zurückkehren und dort auf eine neue Gelegenheit warten. Seine Lage ist dieselbe wie die eines Kindes, das vor dem fünfzehnten Lebensjahr stirbt.

20. Bei der Geburt stehen dem Baby seine höheren Körper noch nicht zur Verfügung, und es lebt daher im Wunsch- und Mentalkörper seiner Eltern, die sie ihm »ausleihen«. Sein Vitalkörper wird im Alter von sieben Jahren geboren, und das Kind wird schnell wachsen; der Wunschkörper tritt mit vierzehn in Funktion, und das Kind erwirbt die Fähigkeit zur Fortpflanzung; mit einundzwanzig wird der Mentalkörper aktiv, und das Kind wird erwachsen.

21. Berücksichtigt man diese Etappen, so erkennt man, wie falsch es ist, die Volljährigkeit auf achtzehn Jahre festzu-

setzen – eine Periode, in welcher sich der Wunschkörper gerade in voller Entfaltung befindet und noch kein Verstand ausgebildet wurde, der ihn bremsen könnte. Dann gerade braucht der Heranwachsende wie nie zuvor den Rat seiner Eltern.

22. Dieser Mensch steht nun also im physischen Leben. Sein Geschlecht wird im Innern der Mutter festgelegt, nach dem Einverständnis zwischen Ego und Herren des Karmas. Mit dem Eintritt in die Arena des physischen Lebens beginnen drei Kräfte mit der Ausgestaltung seines Lebens. Die erste heißt Wille, die zweite Vorsehung und die dritte Schicksal. Vom Zusammenwirken dieser drei Kräfte werden wir in unseren nächsten Lektionen sprechen.

Fragen

1. Welche Arbeiten führen die Herren des Karmas durch, wenn ihnen ein Wiederinkarnierender anvertraut wird?

2. Welche Funktionen übt der Vitalkörper aus?

3. Wie lassen sich die Funktionen jedes einzelnen der vier Äther kurz beschreiben?

4. Was muß gemacht werden, um sich von einem Teil der Äther zu befreien?

5. Welche Auswirkung hat eine Abtreibung für das sich inkarnierende Ego?

11. Lektion

Der Plan

1. In der Offenbarung des Moses erscheinen die aktiven Kräfte der Schöpfung unseres Sonnensystems unter dem Namen Elohim, dessen richtige Übersetzung lautet: der Gott, die Götter – ein Wort, das Einzahl und Mehrzahl zugleich ausdrückt. Diese schaffenden Kräfte bestanden aus Milliarden von Zellen, die in früheren Evolutionszyklen schon die volle Individualität erreicht hatten und dann zu einem einzigen Willen verschmolzen waren. Diese Kräfte sind es, die wir als »Gott« bezeichnen.

2. Als die Elohim tätig wurden, hatten die Wesenheiten, die wir als Tierkreiszeichen kennen, sich schon einen abgeschlossenen Wirkungskreis erbaut und diesen Raum mit ihrer Substanz angefüllt. Aus dieser Materie wird dann eine »Erde« gebildet, die empfänglich ist, um Früchte zu geben. In den landläufigen Auslegungen der Genesis kann man lesen, daß Gott die Welt aus dem Nichts erschaffen hat. Das ist ein Irrtum, denn aus dem Nichts kann nichts hervorgehen. Gott hat die Welt geschaffen dank dieser Substanz, die von den Wesenheiten des Tierkreises freiwillig gegeben wurde.

3. Die ersten Arbeiten der Elohim bestanden darin, die zodiakalen Substanzen zu assimilieren und – so kann man sagen – zu verdauen, um über sie Herrschaft zu erlangen

und sie formen zu können. Für die Elohim war die zodiakale »Erde« eine widerspenstige Materie, da die Tierkreiskräfte einer Lebenswelle angehörten, die sehr evolutioniert war, und ihre Körpermoleküle eine viel höhere Schwingung hatten, als die Elohim ertragen konnten, obwohl die Wesenheit des Tierkreises diese Intensität so weit herabgesetzt hatten, wie es ihnen möglich war.

4. Um diese schwierige Materie zu neutralisieren, haben die Elohim ihre passive Natur – man könnte sagen: weibliche Natur – entfaltet, indem sie die ganze Materie, die sich nur schwer beherrschen ließ, wie mit einem Mantel umhüllten. Dadurch wurden die Körper der Tierkreiswesen mit Hüllen eingekleidet, die den Elohim angehörten.

5. Als der ganze Raum des Tierkreises von diesen Hüllen erfüllt war, konnten die Elohim den Strahl ihrer Männlichkeit freisetzen, um den jungfräulichen Körper, der den Raum erfüllte, zu befruchten. In der Beschreibung dieses Prozesses sehen wir, daß die ersten Arbeiten der Schöpfung weiblicher Art waren. Die Kleidung, mit der die Elohim die zodiakale Substanz umgaben, war deren weiblicher Teil; das Männliche hingegen erschien erst, als das Weibliche bereit war, es zu empfangen.

6. Durch Vereinigung der beiden Kräfte (männlich und weiblich) wurde das geboren, was im Universum später zur aktiven und handelnden Kraft wurde, die dann die eigentliche Schöpfung ermöglichte. In allen Religionen kommt diese dreieckige Grundfigur vor, ohne die nichts in Erscheinung treten kann. Das Dreieck ist die erste

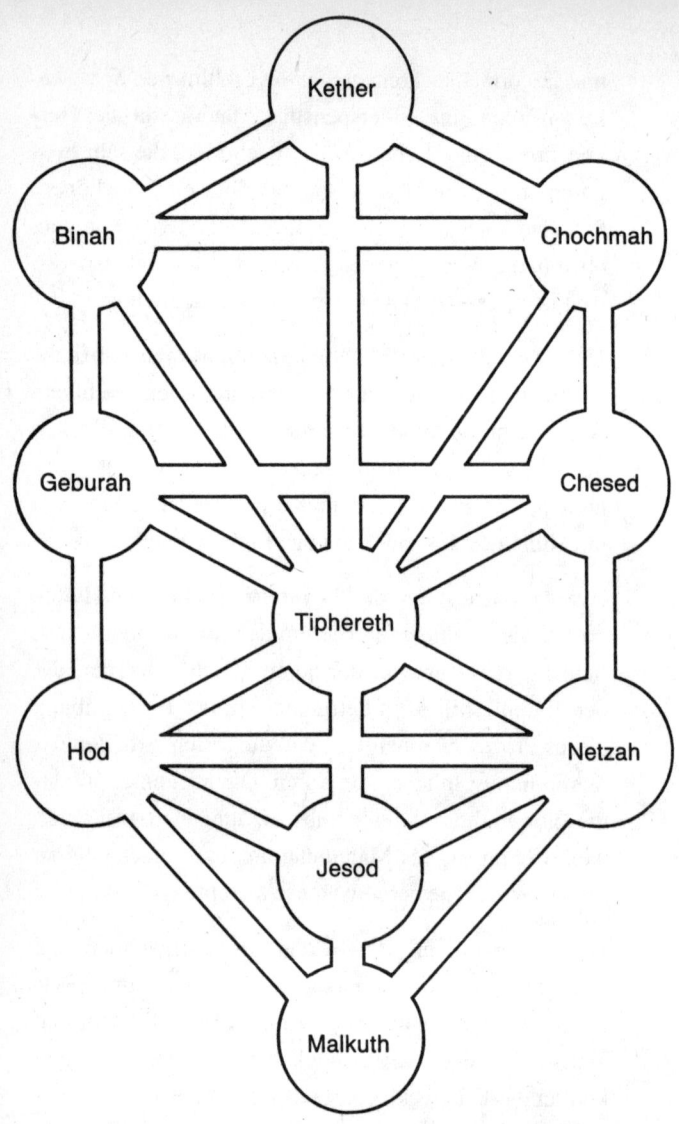

Der kabbalistische Baum und die Zuordnung der Planeten

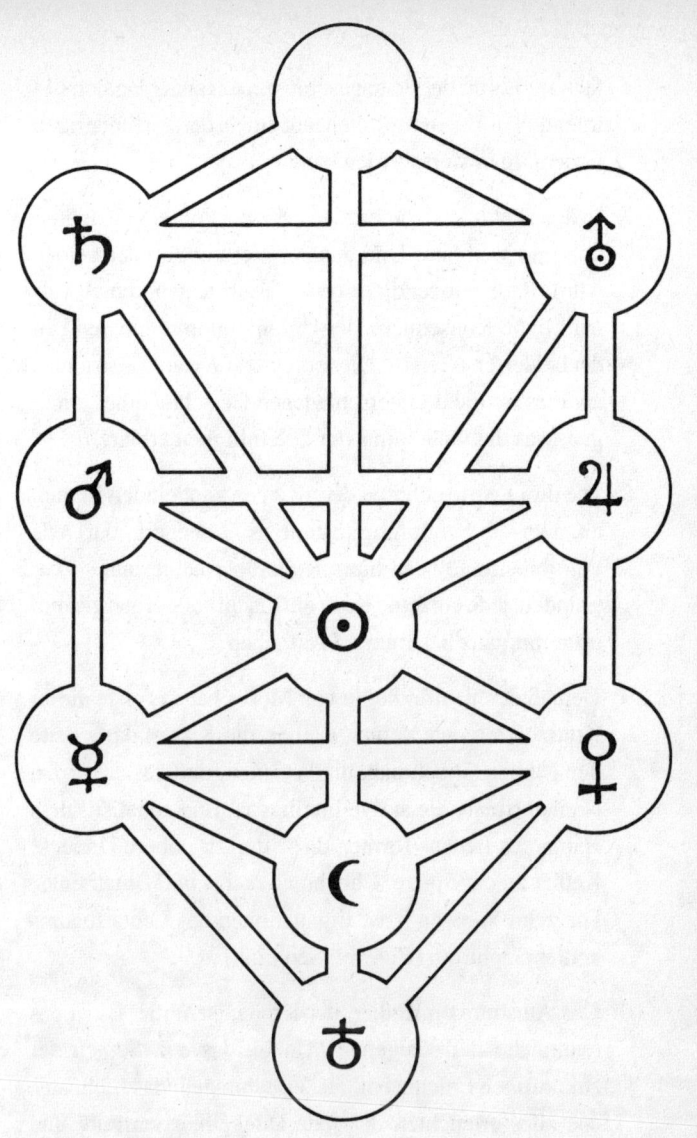

faßbare Form, der erste geschlossene Raum, der sich mit irgendeiner Essenz anfüllen läßt und in dessen Innenraum Leben organisiert werden kann.

7. In den Elohim existieren also die zwei Polaritäten: männlich und weiblich. Und aus der Verbindung der beiden wurde dann notwendigerweise das dritte geboren, das als natürliche Konsequenz der Union ein untrennbarer Teil der beiden ersteren ist. Diese drei Kräfte waren also nichts anderes als die drei verschiedenen Gesichter eines einzigen, was das Geheimnis der Dreifaltigkeit erklärt.

8. Die drei Kräfte gehören der gleichen handelnden Einheit an, aber die Schöpfung machte es notwendig, daß jede von ihnen eine bestimmte Rolle übernahm, und so begründete jede einzelne Kraft ein machtvolles Energiezentrum mit ganz bestimmten Aufgaben.

9. Gemäß der Terminologie von Moses hat das erste dieser Kraftzentren den Namen Kether, die Krone, das zweite den Namen Chochmah, die Weisheit, und das dritte den Namen Binah, die aktive Intelligenz. Im kabbalistischen Baum des Lebens formen diese drei das obere Dreieck: Kether an der Spitze, Chochmah rechts und Binah links. Die zehn Sphären bzw. Emanationen des Lebensbaums heißen Sephiroth (Einzahl: Sephirah).

10. Das Attribut von Kether, der Krone, ist Wille. Es ist das männliche und zeugende Prinzip, das den Samen der zukünftigen Früchte enthält. Von ihm geht das Licht aus, das alles erleuchtet, das jede Dunkelheit vertreibt und ständig die Gegebenheiten verändert.

11. Das Attribut von Chochmah, der Weisheit, ist die Vorsehung. In Chochmah wird das Licht von Kether verinnerlicht; sie stellt einen echten Brunnen göttlichen Lichts dar, das dem Leben zur Verfügung steht.

12. Das Attribut von Binah ist Schicksal; durch diese Sephirah wird das ganze Universum in Bewegung gesetzt, und sie ermöglicht die Verschiedenheiten der existierenden Formen.

13. In den Schriften steht, daß zwischen diesen drei Sephiroth der erste, der Urkonflikt stattgefunden hat, der die gesamte Zukunft des Lebens prägte. Wir sagten, daß diese drei Energiezentren einer bestimmten Lebenswelle angehören und daß sie eine Einheit darstellen. Aber bei der Aufteilung der verschiedenen Arbeiten wurde eines sofort offensichtlich: In dem geplanten Lichtuniversum würde nur Leben ihrer göttlichen Art möglich sein. Wenn sie Leben entwicklungsmäßig unter ihrem eigenen Niveau erzeugen und neue Wesenheiten in den Strom der Evolution einbringen wollten, würde es notwendig, in sich selbst eine dunkle Zone zu erschaffen, damit das neue Leben in diesem Schatten evolutionieren könnte.

14. Binah wurde die Aufgabe übertragen, die dunkle Zone darzustellen – also der dritten Sephirah, welche die Spitze der linken Säule einnimmt. Aber nicht alle Elemente, die in dieser Zone arbeiteten, waren einverstanden, sich zu verdunkeln. Sie hatten ein Anrecht auf dasselbe Lichtniveau, und der Verzicht darauf erschien manchen Sektionen sehr ungerecht.

15. Die Lösung des Konflikts bestand darin, die Rebellieren-
    den in den Abgrund zu »werfen«; das heißt, die Kräfte,
    die dem göttlichen Beschluß gegenüber feindlich einge-
    stellt waren, wurden auf eine niedrigere Ebene versetzt,
    um dort ihre Evolution fortzusetzen, ohne den geplanten
    Gang der Schöpfung zu stören. Sie waren die ersten
    Nachzügler in der Geschichte unserer Evolutionsperiode.

16. So wurde die Technik des Abgrundes zu einer Institution,
    mit der sich alle späteren Konflikte lösen ließen. Doch
    diese Nachzügler, die in einer Ebene evolutionierten, die
    nicht ihre eigene war, lösten permanent Konflikte aus –
    bei sich selbst wie auch bei den Nachfolgenden, die auf
    den unteren Sphären zu großen Agenten des »Bösen«
    wurden.

17. Nachdem diese Abtrünnigen erst einmal aus der Sphäre
    von Binah ausgeschlossen waren, akzeptierte der Rest
    diese Verdunklung, also ein Leben auf niedrigerem Ni-
    veau, als verdient, mit allen Nachteilen, die aus dieser
    Situation hervorgingen. Um ein Beispiel auf menschli-
    cher Ebene zu geben: Die Lage entspräche der eines
    Menschen, der immer im Sonnenlicht gelebt hat und sich
    plötzlich dazu entscheidet, in einem Bergwerksschacht
    zu leben.

18. In der Sphäre von Binah hat dann eine Kristallisation der
    Urenergien stattgefunden, und in dieser schon etwas ver-
    dunkelten Welt konnte eine neue Lebenswelle erschei-
    nen.

19. Das Opfer von Binah war also nötig für die Entwicklung

des Lebens auf den unteren Ebenen, und da die Geschichte von Gott unsere eigene Geschichte ist, können auch wir nur durch das Opfer voranschreiten. Das Opfer war ein Gesetz, dessen Annahme am Anfang der Schöpfung nötig wurde. Wenn die Moral das Opfer predigt, so geschieht das nicht grundlos, sondern in Anlehnung an diese höhere Realität.

20. Wie wir aber gerade betont haben, war es auch das Opfer, welches das Böse in die Welt brachte. Zuerst, weil es einen Konflikt erzeugte, der durch ein Gesetz unterdrückt werden mußte (indem diejenigen auf ein tieferes Niveau sozusagen zurückversetzt wurden, die sich gegen die göttliche Entscheidung auflehnten). Zweitens ist eine Verdunklung schon an sich ein Übel, denn in einer Welt mit niedrigerem Schwingungsgrad können nicht die gleichen aktiven und natürlichen Gesetze regieren wie in den höheren Welten.

21. Binah wurde also zur Trägerin der Dunkelheit, machte aber zugleich unsere Existenz möglich. Als Herrin ließ sie die Urenergien kälter und kälter werden mit der Absicht, uns eine materielle Erde als Feld für unsere Erfahrungen zur Verfügung zu stellen.

22. Binah wird die Dunkle Mutter der Welt genannt. Sie hat unsere Erde geboren, und ihre menschliche Repräsentantin, die Frau, ist ebenfalls mit der Geburt menschlicher Wesen beauftragt.

1. Welche Arbeiten haben die Elohim als erste ausgeführt?

2. Warum ist die Dreieinigkeit notwendig, um etwas Faß-
   bares zu verwirklichen?

3. Wie heißen die drei ersten Sephiroth, und was sind ihre
   Attribute?

4. Was verursachte den Urkonflikt?

5. Wie könnte man beschreiben, um was es beim Problem
   des Bösen geht?

12. Lektion

Der Plan
(Fortsetzung)

1. Am ersten Schöpfungstag war Kether das Haupttätig-
   keitszentrum. Die vorbereitenden Arbeiten waren schon
   durchgeführt worden (sie wurden in der vorigen Lektion
   beschrieben), und Kether, die in christlichen Begriffen als
   der Vater bekannt ist, konnte ihren Willen entfalten.

2. Am zweiten Tag der Schöpfung wurde Chochmah zum
   wichtigsten Zentrum, die in der christlichen Religion der
   Sohn genannt wird und deren Attribut die Vorsehung
   oder die Gnade ist. Das Besondere dieser Sephirah besteht darin, daß sie das zur vollkommenen Reife bringt,
   was Kether-Wille initiiert hat. In Chochmah-Sohn ruht
   der von Kether ausgegangene Lichtstrom und die Licht-
   ergänzung, die Binah angehören würde, worauf diese
   Sephirah aber verzichtet hat, um die Existenz neuer Lebenswellen zu ermöglichen. Chochmah ist also ein wah-
   rer Brunnen der Lichtkräfte, die dazu dienen, die Harmonie dort wiederherzustellen, wo Unordnung, Krankheit
   und Chaos herrschen.

3. Am dritten Tag der Schöpfung war Binah das Hauptzen-
   trum, die in christlicher Terminologie Heiliger Geist
   heißt und deren Attribut Schicksal ist. Ihre spezielle
   Aufgabe ist es, Fundament für alles Geschaffene zu sein.

4. Da der Mensch nach dem Ebenbild Gottes und gemäß dem Hermetischen Axiom »Wie oben, so unten« geschaffen wurde, tragen auch wir diese drei Prinzipien in uns, die fortwährend in unserem Leben wirken.

5. Wille, Vorsehung und Schicksal – in diesen drei Worten befindet sich der Schlüssel unserer Existenz. Der Wille ist eine Kraft, die vom Vater ausgeht und aus uns vollkommen freie Wesen macht. Wenn unser Wille in Aktion tritt, kommt alles in unserer Umgebung ebenfalls in Bewegung und formt sich nach seiner Zielsetzung.

6. Nachdem unser Wille in Tätigkeit gesetzt wurde, tritt die Vorsehungskraft automatisch in Erscheinung und setzt ihren Lichtstrahl frei, um all das zur Vollkommenheit und Reife zu bringen, was der Wille initiiert hat. Wenn der Wille nicht wirkt, dann auch die Vorsehung nicht; denn die beiden Kräfte hängen voneinander ab. Wenn der Wille nicht aktiv ist, erscheint uns das Leben wie ein stehendes Wasser, in dem alle Parasiten ihre Nester bauen.

7. Die dritte Sephirah in uns ist beauftragt, das Gesetz anzuwenden. Hat unser Wille in einer überflüssigen und verfehlten Art gewirkt und die Vorsehung etwas vollendet, das in den Augen der Gottheit unwürdig ist, so ist es Binah-Schicksal, die uns zu verstehen gibt, daß wir einen Irrtum begangen haben. Mit ihren bitteren Lektionen lehrt sie uns, den Willen im Einklang mit dem göttlichen Gesetz zu gebrauchen.

8. In uns wirken also drei Kräfte: Die erste schenkt uns

absolute Freiheit; nichts stellt sich der Ausübung unseres Willens entgegen. Die zweite Kraft gibt uns göttliche Hilfe wie als Belohnung für unsere Anstrengungen, und dank der Vorsehung-Gnade erlangt unser Werk seine Vollendung. Die dritte von diesen Kräften verpflichtet uns, uns dem Gesetz zu unterstellen, damit unsere Freiheit nur in Taten zum Ausdruck kommt, die dem göttlichen Entschluß entsprechen. Das Schicksal wirkt aber nie im voraus, sondern immer nur im nachhinein. In dem Ausmaß, in dem wir unsere Schöpferkräfte mißbraucht haben, werden wir uns dem Gesetz unterwerfen müssen.

9. Das Zusammenwirken von Kether, Chochmah und Binah macht die Schöpfung aus. Binah erlaubt durch ihre Verdunklung und Erkaltung die Existenz einer Welt unterhalb dieser drei Prinzipien. Diese neue Sphäre ist unter dem Namen Chesed bekannt. Im Baum des Lebens gehört sie der rechten Säule an, unter Chochmah-Sohn. Chesed war die Welt, welche die Elohim für den Menschen konzipiert hatten und in der wir hätten ewig leben können, wenn es nicht zu der Auflehnung gekommen wäre, die wir als den »Sündenfall Adams« kennen.

10. Das Lebenszentrum mit dem Namen Chesed trat am vierten, dem heutigen Schöpfungstag in Aktion. Die Gottheit hatte bereits ihre ganze Macht entfaltet, die Kether-Vater, Chochmah-Sohn und Binah, dem Heiligen Geist, innewohnte. Chesed war das Ergebnis, das alle heiligen Kräfte in sich eingeschlossen hatte und aus dem alle geistigen Tugenden emanierten. Chesed ist eine Welt der Freiheit, eine Welt, in der die Gnade all ihre Gaben

konzentriert und das Gesetz fast nichts verboten hat. So groß ist die Güte, die an diesem heiligen Ort herrscht. In einem Wort: Chesed ist das irdische Paradies.

11. Adam und Eva lebten dort als absolute Könige und herrschten über Tiere und Güter. Die profane Interpretation dieser biblischen Stelle verwandelt Adam und Eva in einen Mann und eine Frau. Tatsächlich aber bedeuten die Buchstaben ADN, die den Namen von Adam darstellen, die menschliche Spezies in ihrer ersten Etappe der Evolution und Eva das Wesen, welches das Leben weitergibt. Wir alle sind an einem bestimmten Punkt unserer Entwicklung Adam und Eva.

12. Wenn es heißt, daß Chesed das irdische Paradies ist, so ist das nicht so aufzufassen, daß der Mensch in dieser Sephirah oder diesem Lebenszentrum gelebt hat, sondern daß Chesed während einer bestimmten Periode mit einem absoluten Einfluß auf unseren Planeten Erde wirkte, den sie in eine »Reflexion« von sich, in ein wahres Paradies verwandelte. Die Menschheit dieser Epoche hatte kein Bewußtsein von sich selbst, sondern gehorchte den göttlichen Anweisungen wie ein Automat, der auf elektrische Signale reagiert. Der Mensch damals schaute die Gottheit und handelt im Einklang mit dem göttlichen Willen.

13. Vielleicht wäre der Mensch dort bis zum Ende seines Evolutionszyklus geblieben, wenn er nicht für die Stimme des Bösen empfänglich gewesen wäre. In der vorangehenden Lektion sahen wir, daß die Abtrünnigen Binahs in den Abgrund geschleudert wurden, damit sie nicht den

göttlichen Plan stören konnten. Diese Gruppe der Abgefallenen gibt ihre Herrschaft weiter – wir wollen es einmal so formulieren – an die nachfolgenden Generationen, die in den ersten drei Tagen der Schöpfung das Selbstbewußtsein erreicht hatten. Es gab also immer eine Kategorie von Wesenheiten, die dem Plan entgegenarbeiteten, was eine anormale Situation schuf, da ihr Wirken den Plänen des Schöpfers widersprach.

14. In der paradiesischen Epoche erschienen also die Luziferen, eine Gruppe von Nachzüglern, die der Engelgeneration angehört und die das menschliche Entwicklungsniveau am dritten Tag der Schöpfung erreicht hatte. Um ihren eigenen evolutionären Fortschritt sicherzustellen, entschlossen sie sich, dem Menschen zu »helfen«, indem sie ihn belehrten über alles, was die schöpferischen Funktionen betraf. »Wenn du diese Früchte ißt«, sagten sie, »wirst du wie Gott sein.«

15. Über den Sinn der verbotenen Frucht wurde viel spekuliert; dennoch gibt es hier ein Geheimnis, das leicht zu verstehen ist. Wie wir sagten, ist die Sphäre von Chesed das Ergebnis des Wirkens der drei oberen Sephiroth Kether, Chochmah und Binah. Wir sahen, daß die letztere auf ihren rechtmäßigen Lichtanteil verzichten mußte, um Leben unterhalb ihrer selbst zu zeugen. Diesen Aspekt des Opfers, der Einschränkung, projiziert Binah mit allem anderen, was aus ihrer Sphäre stammt. Deshalb mußte es auch in diesem Paradies eine Beschränkung geben – analog zu der Binahs. Gott mußte der primitiven Menschheit also etwas verbieten.

16. Der Ungehorsam gegenüber den Gesetzmäßigkeiten des Chesed-Paradieses bewirkte, daß sich diese Welt der Freiheit und Glückseligkeit zum Vorteil der gegenüberliegenden Polarität verflüchtigte und daß die Menschheit in den Bereich der Strenge eintrat. Ein neues Lebenszentrum trat in Aktion als Sitz dieser Strenge. Wir kennen es unter dem Namen Geburah, deren Attribut Gerechtigkeit ist.

17. Wir können also sagen, daß sich die Menschheit verpflichtet sah, das Paradies zu verlassen, weil sie all die Möglichkeiten, die ihr diese Welt anbot, bis aufs letzte auskosten wollte. Hieraus läßt sich ein wichtiges Gesetz für das alltägliche Verhalten ableiten: Um Glück und Wohlstand zu erhalten, ist es unerläßlich, nichts bis zum Ende auskosten zu wollen, sondern etwas zurück- bzw. übrigzulassen. Die früheren Verhaltensregeln erklärten den Kindern, daß sie den Teller nicht ganz leer essen sollten. Es war ein Zeichen guter Erziehung, etwas übrigzulassen. Dieses »Etwas« ist der Teil von Binah, und wer sich so verhält, respektiert ihr Gesetz – den Verzicht. Man soll also nicht alles bis zum Extremen genießen wollen, weil sonst die Strenge in Tätigkeit tritt und das Glück verschwindet.

18. Die Austreibung aus dem Paradies bedeutete, daß sich das Bewußtsein des Menschen verdunkelt hatte und daß er mit dem Schöpfer bereits nicht mehr in Kontakt treten konnte. Er hörte die göttliche Stimme nicht mehr, und war einmal diese Lichtführung verloren, fiel er der Herrschaft der Wünsche zum Opfer.

19. Die Wünsche ließen ihn die Zeugungsfähigkeit wie auch das Vergnügen, das dem Sexualakt eigen ist, entdecken. In der paradiesischen Periode brachten die Schöpfer die Paare zu besonderen Zeiten des Jahres zusammen, damit der Zeugungsakt im Einklang mit kosmischen Kräften stand. Die Kinder kamen damals ohne Schmerzen zur Welt. Als der Kontakt zur Gottheit verlorenging, zeugte der Mensch nach seinen Wünschen. Wegen der Verletzung der kosmischen Formel erschien der Schmerz.

20. Der erste Sohn Evas war Kain. Die esoterische Legende sagt, daß Kain nicht der Sohn Adams war, sondern der Samuels, der Schlange. Das bedeutet, daß Kain einem höheren Geschlecht als dem menschlichen entstammte. Die Imagination, ein Attribut der Frau, war eine intime Verbindung mit einem Nachzügler von höherer Generation eingegangen. Dies waren die Luziferianer, Experten in der Auslegung des Gesetzes, die aber unter Binahs Säule, der Strenge, arbeiten.

21. Und es befindet sich auch das Zentrum Geburah, das in Tätigkeit kam, als die Menschheit Chesed verließ, in der linken Säule des kabbalistischen Baumes unterhalb von Binah. Sie ist die Erbin der himmlischen Strenge.

22. Von da ab beginnt der Mensch, der vom Luziferianer Kain geführt wird, mit der Aufgabe des Verstehens des Gesetzes, welches das Universum regiert, allein mit der Hilfe seiner Wünsche. Dies ist der Anfang von allen Dramen und Leiden, die der Preis für seine Zeugungsfähigkeit sind.

Fragen

1. Welche drei göttlichen Prinzipien wirken im Menschen?

2. Was erzeugen diese drei Prinzipien in uns?

3. Was ist die esoterische Bedeutung der Namen Adam und Eva?

4. Warum mußten wir das Paradies verlassen?

5. Was geschah, als die Wünsche Gott als Führer ersetzten?

Der Plan
(Fortsetzung)

1. In der vorigen Lektion haben wir vor allem über die vier ersten Sephiroth gesprochen. Wir werden jetzt die Funktionen der sechs restlichen Lebenszentren erklären, welche die Welt ausmachen, und unsere eigene Individualität in ihrem physischen und moralischen Aspekt.

2. Die Sephiroth des kabbalistischen Lebensbaums (siehe auch die Abbildung auf S. 80) erscheinen in folgender Reihenfolge:
   1. Kether, die Krone, steht an der Spitze; es folgen von rechts nach links und von oben nach unten:
   2. Chochmah, die Weisheit,
   3. Binah, die aktive Intelligenz,
   4. Chesed, die Güte,
   5. Geburah, die Gerechtigkeit,
   6. Tiphereth, die Harmonie,
   7. Netzah, die Schönheit,
   8. Hod, die Wahrheit,
   9. Jesod, das Fundament,
   10. Malkuth, die materielle Welt.

3. Der Baum besteht aus drei Säulen. Die rechte trägt den Namen Säule der Güte, der Gnade und der Toleranz. Die linke heißt Säule der Strenge, des Gesetzes oder des Opfers bzw. der Notwendigkeit. Die Säule im Zentrum

wird Säule des Gleichgewichts genannt. Man kann sehen, daß die Sephiroth der linken zu denen der rechten durch Wege miteinander verbunden sind, denen man den Namen »Pfad« gibt. Ein Pfad bewirkt, daß die Energien, die eine Sephirah in sich trägt, unausweichlich in die nachfolgende münden. Aus diesem Grund kann man die Bedeutung einer Sephirah allein nicht voll erfassen, wenn man ihr Gegenstück außer acht läßt.

4. In manchen Zeichnungen werden die Sephiroth als Springbrunnen dargestellt, ähnlich jenen, die wir in einigen unserer Gärten sehen können: Alle Sephiroth von Kether bis Malkuth sind so untereinander positioniert, daß das Wasser die erste Brunnenschale füllt und dann auf die nächste überläuft und so weiter – bis zur letzten Schale. Das gibt uns eine konkrete Vorstellung von der Emanation des einen Lebens und – durch das Überfließen – von seiner Verschiedenheit. Darauf hat sich bezogen, was wir schon im Punkt 17 der zwölften Lektion erwähnt haben, daß nämlich, wenn alle Möglichkeiten einer Sephirah erschöpft sind, automatisch die nachfolgende tätig wird.

5. Kether, die Krone, repräsentiert den ersten Atem, der unser Universum geschaffen hat: den Vater. Als der Schöpfer-Gott unseres Sonnensystems die Tierkreissubstanzen assimiliert hatte, ging aus dieser Mischung der schöpferische Wille hervor – das ist Kether, doch es ist schwer, dies in Worte zu fassen. Sie ist die Quelle, der jeder Wille entspringt, die Schöpfermacht, der nichts Manifestiertes entspricht. Auf menschlicher Ebene inspi-

riert uns Kether mit unserer Lebensbestimmung. Wenn wir uns über die Kleinigkeiten des Alltags erheben und den Ewigen bitten, uns eine bestimmte Aufgabe anzuvertrauen, die uns das Dienen erlaubt, dann ist es dieses hohe Zentrum, das uns eine Antwort zukommen läßt. Es handelt sich dabei nicht um etwas Konkretes, sondern es ist eine weite, vage Idee, die sich langsam in unserem Innern formt: ein Vorhaben.

6. In Chochmah, der Quelle reinen Lichts, macht sich der Wille von Kether sichtbar. Von ihr gehen die überquellenden Energien aus, die das Gewebe des kranken Universums heilen und wiederherstellen, wie auch die Substanz, die es ermöglicht, Kranke zu heilen. Im materiellen Universum manifestiert sich Chochmah durch den Planeten Uranus, der das Licht von der Dunkelheit scheidet und das Böse dort zerstört, wo es sich befindet. Die Spannung Chochmahs liegt eine Oktave über dem Normalen, weshalb sie auflösend wirkt.

7. Wie schon erwähnt wurde, ist Binah das Zentrum, das es auf sich nahm, sich zu verdunkeln, damit niedere Geschöpfe in das Leben eintreten konnten. Sie repräsentiert also das göttliche Opfer, das notwendig war, damit wir geschaffen werden konnten. Dementsprechend ist sie auch das inspirierende Zentrum für alle Opfer, die es dem Menschen erlauben, in das unter ihm Liegende hinabzusteigen, um dort seine Hilfe hinzubringen. Binah ist die Sephirah für alle Formen, verantwortlich für jede Manifestation, die es dem Geist erlaubt, für seine Erfahrungen über ein physisches Vehikel zu verfügen. In Analogie zu

ihr steht die Frau, die menschliche Formen in ihrem Innern hervorbringt. Im physischen Universum manifestiert sich Binah im Planet Saturn.

8. Cheseds Aufgabe ist es, die Möglichkeit der von Binah übertragenen Formen voll auszuschöpfen. In diese Formen haucht sie das pflanzliche, tierische und menschliche Leben ein. Sie läßt die Lebensfülle überall hervorquellen, macht die Früchte geschmackvoll und läßt die materielle Welt im höchsten Glanz erscheinen. Wie schon gesagt, Chesed war das Paradies. Im Materie-Universum manifestiert sie sich als Jupiter. Strebt der Mensch nach Machtfülle, so ist Chesed das Zentrum, das ihm die Kraft für die Verwirklichung verleiht.

9. Geburahs Mission ist es, die Gerechtigkeit wiederherzustellen. Cheseds Vergnügungen sind so vielzählig, daß der Mensch dadurch verdorben wird und vergißt, daß sein Ziel darin besteht, Erfahrungen zu sammeln, um ein Schöpfer zu werden. Statt dessen widmet er sein Leben dem Vergnügen. Wenn dies geschieht, wird Geburah auf den Plan gerufen. Sie schneidet wie ein Chirurg mit einem Skalpell das Böse ab. So stellt sie die Gerechtigkeit wieder her und verpflichtet das Individuum, seinen Weg weiterzugehen. Die physische Manifestation von Geburah ist Mars. Von diesem Lebenszentrum empfängt der Mensch Entschlußkraft, um seine Laster zu korrigieren, und gewaltsame Impulse, die es ihm erlauben, in sich und in der Gesellschaft zu kämpfen, damit die Schöpfung weiter voranschreitet.

10. Tiphereth ist die erste Sephirah, die sich in der mittleren Säule des Gleichgewichts befindet, wie auch Kether. Einerseits ist sie das sichtbare Antlitz von Kether; im physischen Universum wird sie durch die Sonne repräsentiert. Andererseits findet in Tiphereth die Harmonie ihren Ausdruck. Alle Pfade führen zu Tiphereth, und sie führt ihrerseits zu allen Lebenszentren. Sie ist das Zentrum, das dem Menschen Bewußtsein verleiht und alle Erfahrungen zusammenfaßt, die aus der Säule der Strenge und der Gnade hervorgehen. Sie verleibt uns die Idee eines Gleichgewichts zwischen der zum Gesetz erhobenen Notwendigkeit und der göttlichen Gnade ein.

11. Netzah ist das Zentrum, welches das Schönheitsideal inspiriert. Es befindet sich in der rechten Säule unterhalb Chesed und macht uns darauf aufmerksam, daß im Leben nicht nur das Nützliche herrschen soll, sondern auch das Schöne, das als subtiles Detail dem Ganzen Harmonie verleiht, der Duft, welcher der Blume einen Sinn gibt. Im materiellen Universum manifestiert sich Netzah als Venus. Von diesem Zentrum erhalten die Künstler die Inspiration für ihre Werke und die Liebenden Substanz, um ihre Liebe zu nähren.

12. Hod bedeutet Wahrheit. Die Suche nach der Schönheit soll nicht übertrieben werden; sie soll nicht zur Richtschnur des Lebens werden, die alles andere verwirft. Hod ist deshalb das Gegenstück zu Netzah. Hod legt in das Individuum den Impuls, das Wahre in der Schönheit zu entdecken. Im Sonnensystem manifestiert sich Hod als Merkur. Der menschliche Intellekt erhält von ihr die

Energien zur Unterscheidung von Wahrem und Falschem.

13. Jesod ist die dritte Sephirah der Säule des Gleichgewichts. Ihre Aufgabe ist es, die Impulse der anderen Sephiroth zu kristallisieren und sie in Taten zu verwandeln. Im Universum ist Jesod der Mond, der in der Astrologie für seine kristallisierenden Funktionen bekannt ist. Denn in der Welt geschieht nichts ohne die Fruchtbarkeit erzeugende Aktivität des Mondes.

14. Jesod ist einerseits die Sephirah, die das höhere Bewußtsein nach unten projiziert und so die physische Handlung ermöglicht; andererseits neutralisiert sie die Erfahrungen, die von Malkuth ausgehen, das heißt, sie überträgt das Wissen, das wir durch unsere Taten in der physischen Welt erworben haben, in ein höheres Bewußtsein, das durch Tiphereth repräsentiert wird.

15. Malkuth repräsentiert unser physisches Ich und findet sich auf der Ebene des Universums als unsere Erde wieder. Alle Lebenszentren münden schließlich in Malkuth, unsere irdische Persönlichkeit, die dadurch transformiert wird.

16. Die Aktivität der neun oberen Zentren auf das zehnte, das wir sind, macht das aus, was unser Bewußtsein im Lauf der Inkarnationen formt. Jedes Zentrum hat seine Gesetze und Prinzipien. Damit wir sie erlernen, plazieren uns die geistigen Hierarchien, die unsere Evolution leiten, in einem Leben näher zu einem bestimmten Zentrum als zu den anderen.

17. Das Geburtshoroskop erlaubt die Bestimmung, welche Zentren sich gerade in »Ruhe« befinden und welche im gegenwärtigen Leben aktiv sind. In dieser Hinsicht kann der Astrologe eine Person über die Arbeiten unterrichten, die sie auszuführen hat.

18. Dominiert in einem Horoskop Jesod, handelt es sich um einen Menschen, der sich viel bewegt und seine Bewußtseinsimpulse in Taten umwandelt. Die Vorherrschaft von Hod ergibt den Intellektuellen, den Kritiker. Netzah schafft den Künstler, Tiphereth den großen, sehr ausgeglichenen Menschen, Geburah den Gerechten, den Kompromißlosen, Chesed den Politiker, Binah den Gesetzgeber, den Richter, den Staatsdiener, den Menschen, der die Lebensnormen aufstellt.

19. Durch die Position der Planeten in den Sephiroth läßt sich im Geburtshoroskop auch erkennen, wo der Betreffende schon Fortschritte gemacht hat und in welchem Zentrum es noch »versklavte« Tendenzen gibt, die befreit werden müssen.

20. Natürlich ist es so, daß im Lauf der Inkarnationen nicht alles im gleichen Rhythmus evolutioniert. Manche machen intellektuelle Fortschritte, nur wenige im emotionalen und praktisch keine im physischen Bereich. In einer neuen Inkarnation sehen sie sich dann gezwungen, einen umgekehrten Weg einzuschlagen. Sie sammeln viele materielle Erfahrungen und nur wenige intellektueller Art, um das Gleichgewicht wiederherzustellen.

21. Schließlich zeigt uns die Position der Planeten in den

Sephiroth den Teil des Karmas an, den das Individuum in der gegenwärtigen Inkarnation abtragen will, wie auch die Natur dieses Karmas. Sind viele Planeten in der Säule der Gnade vorhanden, bedeutet dies, daß dieses Individuum sehr viel göttlichen Schutz und Freiheit genießt. Überwiegend Planeten in der Säule der Strenge zeigen an, daß der Betreffende mit einem reifen Karma kommt, dessen Abtragung er einen Teil seines Lebens wird widmen müssen.

22. Die Sephiroth – ausgenommen Malkuth, die wir selbst sind – stehen für neun Gruppen von Fähigkeiten, die wir zu erwerben haben. Wenn wir alle Pfade durchschritten haben, welche die Sephiroth von oben nach unten und von unten nach oben verbinden, wird unsere menschliche Arbeit beendet sein.

Fragen

1. Bevor Sie sich den folgenden Fragen widmen, betrachten Sie bitte noch einmal Punkt 2 dieser Lektion.

2. Wie lassen sich die Funktionen der ersten vier Sephiroth zusammenfassen?

3. Was können Sie über die Funktion der folgenden vier Sephiroth sagen?

4. Welche Funktionen haben Jesod und Malkuth?

5. Was können wir aufgrund der Planetenposition in den Sephiroth vorhersagen?

14. Lektion

Der Plan

(Fortsetzung)

1. Wenn wir den sephirothischen Lebensbaum betrachten, sehen wir, daß die Sephiroth durch 22 Pfade miteinander verbunden sind. Diese Pfade stellen die Wegstrecke dar, die wir durchschreiten müssen, um zur Vollendung zu gelangen. Zuerst durchwandern wir sie in involutiver Richtung von oben nach unten, später von unten nach oben im evolutiven Sinn.

2. Die Hauptpfade sind jene, die von einer statischen Position jeder Sephirah oder jedem Lebenszentrum in unserem Sonnensystem ausgehen, wie auch aus unserem eigenen Innern. Doch wie alles im Universum befinden sich auch diese Zentren in ständiger Bewegung, und damit stehen die Sephiroth in permanenter Verbindung untereinander und bilden so die Nebenpfade, welche die menschliche Seele geben muß, um die Befreiung von der materiellen Welt zu erlangen.

3. Jede Sephirah ist also durch einen Pfad mit einer anderen verbunden. Wir gehen jetzt zur Aufzählung der Pfade über, ausgenommen jene von Kether zu Chochmah, zu Binah und zu Tiphereth, da Kether – wie schon angesprochen – als Urkraft keine irgendwie geartete Kristallisation besitzt. Ihre Essenz verdichtet sich erst in Chochmah, und ihr sichtbares Antlitz ist Tiphereth, die Sephirah, die

unterhalb Kether in der Zentralsäule liegt und sich physisch als die Sonne manifestiert. Die Pfade zu Kether hin
sind für uns heute noch unerreichbar und werden in der
folgenden Aufzählung nicht erwähnt.

4. Die Pfade verlaufen von:

Chochmah	zu	Binah, Chesed, Geburah, Tiphereth, Netzah, Hod, Jesod und Malkuth: insgesamt 8 Pfade,
Binah	zu	Chesed, Geburah, Tiphereth, Netzah, Hod, Jesod und Malkuth: insgesamt 7 Pfade,
Chesed	zu	Geburah, Tiphereth, Netzah, Hod, Jesod und Malkuth: insgesamt 6 Pfade,
Geburah	zu	Tiphereth, Netzah, Hod, Jesod und Malkuth: insgesamt 5 Pfade,
Tiphereth	zu	Netzah, Hod, Jesod und Malkuth: insgesamt 4 Pfade,
Netzah	zu	Hod, Jesod und Malkuth: insgesamt 3 Pfade,
Hod	zu	Jesod und Malkuth: insgesamt 2 Pfade,
Jesod	zu	Malkuth: 1 Pfad.

5. Wenn wir die Pfade addieren – 8+7+6+5+4+3+2+1 –,
erhalten wir 36 Pfade. Nimmt man noch die 36 Rückwege
hinzu, ergeben sich 72 Pfade, die der Mensch gehen muß,
um die Vollendung zu erlangen.

6. Jede Sephirah stellt aber schon in sich einen Pfad dar, ein
Zentrum der Erfahrungen. Da sich der Aspekt jeder Sephirah ändert in Abhängigkeit davon, ob es sich um den

Abstieg oder den Aufstieg handelt, müssen wir also zu den 72 Pfaden nochmals $9 + 9 = 18$ weitere geistige Zustände dazurechnen, Kether immer ausgenommen. Damit erhöht sich die Anzahl der Pfade auf 90. Dies ist also die Gesamtzahl der Prüfungen, die wir bestehen müssen, um die Auszeichnung »Mensch« zu erhalten. Solange wir diesen Titel nicht erworben haben, können wir uns nicht als wahre Menschen bezeichnen, sondern nur als das »Vorhaben Mensch« – ein menschliches Gebäude, das sich im Bau befindet.

7. Die vorangehende Lektion zeigte, daß ein Geburtshoroskop zu erkennen erlaubt, welche Pfade ein Individuum gerade betritt. Mit solchem Wissen ausgestattet, können wir der betreffenden Person zeigen, in welchen Bereichen sie Anstrengungen zu unternehmen hat und wo Hindernisse vorliegen. Mit dieser Erkenntnis kann sie mit Hilfe ihres freien Willens effektive Arbeit leisten. Weiß man nicht, wie die Kräfte, die dem Individuum zur Verfügung stehen, verteilt sind, so nutzt auch die Freiheit nichts.

8. In der schematischen Abbildung des sephirothischen Baumes liegen die Sephiroth auf gleicher Höhe. Tatsächlich befinden sich jene auf der linken Seite aber auf einem etwas tieferen Niveau.

9. Die Sephiroth der linken Seite besitzen eine etwas dichtere Materie als die der rechten Seite; so ist zum Beispiel bezüglich der Achse Chochmah–Binah die letztere Sephirah die »materiellere«. Das gleiche gilt für alle weiteren.

10. Man kann sagen, daß die linke Säule für den Abstieg in die materiellen Wirklichkeiten von Nutzen ist, während uns die rechte den Aufstieg zur Spiritualität ermöglicht.

11. Wir werden jetzt allerdings nicht detailliert die Arbeiten schildern, die mit jedem Pfad verbunden sind. Wir wollen an dieser Stelle nur betonen, daß die Pfade keine einsamen, verlassenen Wege sind, sondern von Legionen geistiger Hierarchien erleuchtet werden. Sie erleichtern uns das Beschreiten, wenn in uns der feste Entschluß nach Vorankommen lebt. Wer einen offenen Sinn für andere Welten besitzt, kann diese Wesenheit »sehen« und ihre Lehren anwenden.

12. Betrachten wir den sephirothischen Baum, so läßt sich ganz allgemein feststellen, daß die Sephiroth der rechten Säule gegenüber den linken positiv sind. Sieht man sich einen einzelnen Pfad an, so ergibt sich, daß sich ein positives Zentrum und ein Energiespender immer dort befinden, wo der Pfad jeweils seinen Ausgang nimmt, während das Ende eines Pfades immer ein negatives Zentrum oder einen Energieempfänger markiert.

13. Beispielsweise mündet in der Verbindung Chochmah–Binah, ein Pfad des Abstiegs, der geistige Fluß Chochmahs in die erste materielle Realität, die Binah darstellt. Die diesem Pfad zugehörige Arbeit besteht darin, das geistige Wissen für die Organisation des praktischen Lebens zu gebrauchen.

14. Wer auf diesem Pfad arbeitet, hat zur Aufgabe, das Wasser-Feuer des Himmels (Chochmah) auf die Erde (Binah)

zu bringen. Im Bereich der praktischen Angelegenheiten sehen wir, daß Chochmah-Uranus das energetische Potential regiert, während Binah-Saturn das Blei beherrscht und es damit dem Energiepotential ermöglicht, unsere industriellen Maschinen anzutreiben. Mit den Kräften dieses Pfades arbeiten Ingenieure, Erfinder und Personen, die das Gesetz des Himmels auf der Erde verankern.

15. Umgekehrt sind in der Verbindung Binah–Chochmah, ein Pfad des Aufstiegs, die kristallisierenden Kräfte von Binah-Saturn positiver Natur. Sie erzeugen die Tendenz, alles Etablierte, alle Sicherheiten des Lebens zu opfern, um die geistige Erleuchtung zu erlangen. Dieser Weg illustriert die christliche Aufforderung: »Laß alles, was du hast, und folge mir nach.«

16. Wir sehen also, daß während des Abstiegs die Spiritualität oder die Urenergie für das praktische Leben verwendet wird. Beim Aufstieg hingegen wird das Materielle sublimiert zugunsten des Geistigen.

17. Die Positionen von Uranus und Saturn in einem Horoskop zeigen uns an, ob das Individuum im gegenwärtigen Leben in die eine oder andere Richtung wirkt.

18. Die Sephiroth der rechten Säule sind die Erben des Lichts, die der linken Säule die Erben der Dunkelheit. In letzteren verdunkelt sich Gott, um uns das Verständnis seiner Mysterien zu ermöglichen. Die Sephiroth der Mittelsäule errichten das Gleichgewicht der gegensätzlichen Kräfte und markieren den Idealpunkt, an dem wir uns befinden sollten.

19. Aus den Sephiroth der rechten Säule kommt uns die Gnade, die Erleuchtung zu, aus denen der linken Säule das Gesetz, das Wissen. Wenn wir leben mit Ausrichtung auf die Lebenszentren der rechten Seite, werden wir das Gefühl haben, in der Wahrheit zu sein, und wir wirken in Harmonie mit dem Kosmos, ohne jedoch die Geheimnisse seines Aufbaus zu kennen. Dies ist der Weg des Glaubens, das Leben der Heiligen.

20. Leben wir dagegen mit ausschließlicher Orientierung auf die Sephiroth der linken Säule, werden uns Kenntnisse über die Gesetze zur Verfügung stehen, die den Kosmos regieren; wir werden wissen, wie wir die Kräfte des Atoms gebrauchen und Umwandlungen durchführen können, es mangelt uns aber an Licht, durch das sich alle Dinge ordnen und klassifizieren lassen. Wir werden von Irrtum zu Irrtum, von Leiden zu Leiden irren, bis wir durch diesen Preis die Wahrheit erobern werden.

21. Letztlich besteht unsere menschliche Arbeit nicht nur im Durchlaufen jedes einzelnen der neunzig Pfade und in der Assimilierung der damit verbundenen Kenntnisse, sondern darin, das Wissen zu erwerben, wie sich die Botschaften, die aus der linken Seite zu uns kommen, mit denen der rechten Seite verbinden lassen, um so mit Hilfe beider Kräfte das alchemistische Große Werk zu vollbringen.

22. Die Bibel erzählt von dieser Verschmelzung in der Episode von Esau und Jakob. Dort muß sich Jakob, der Repräsentant der rechten Seite, die Kleider seines Bru-

ders Esau anziehen, um den Segen seines Vaters zu erhalten. Esau und Jakob zugleich zu sein – das ist das höchste Ziel jedes menschlichen Wesens. Doch verwirklicht sich diese vollkommene Vereinigung der beiden Naturen nur mit der Ankunft des Christus. Wir können also sagen: Mit der Geburt des Christus in uns wird sich unser Ziel erfüllen.

Fragen

1. Wie viele Wege muß ein Mensch durchlaufen, um die Vollendung zu erlangen, und in welcher Richtung muß er sie beschreiten?

2. Welche Beziehung gibt es zwischen dem Horoskop und den Sephiroth?

3. Welche sind die positiven, welche die negativen Sephiroth?

4. Wie steht es um die Verbindung zwischen Chochmah und Binah in Abhängigkeit davon, ob der Pfad ab- oder aufsteigend verläuft?

5. Welche Botschaften übermitteln uns die Sephiroth der rechten Seite, welche die der linken Seite?

Der Plan

(Fortsetzung)

1. Die Heilige Schrift berichtet von Onan, der, um die Zeugung von Kindern zu vermeiden, seinen Samen beim Beischlaf mit seiner Schwägerin »auf die Erde fallen und verderben« ließ (1. Mose 38). Von Onan wurde das Wort Onanie abgeleitet. Warum wird die Handlungsweise des Onan als Sünde bezeichnet?

2. Hier liegt ein Mysterium vor, das verstanden werden sollte. In den vorangegangenen Lektionen sahen wir, daß durch die rechte Säule das Licht und durch die linke die Dunkelheit zirkuliert. Das bedeutet, daß auf der rechten Seite die geistigen Energien »nackt« strömen, ohne Einkleidung in Materie, weshalb sie von uns im jetzigen Evolutionszustand nicht benutzt werden können. Im Gegensatz dazu sind die Energien der linken Säule in Materie eingehüllt, was dank des Opfers von Binah möglich wurde.

3. In dieser Säule ist das Licht innen und die Materie außen. Die materielle Hülle für sich allein erlaubt keinen Schöpfungsakt. Dafür ist die Energie im Innern nötig, welcher der materielle Körper als Kanal und Träger dient.

4. Im Zeugungsakt können wir genau die Funktion dieses Mechanismus erkennen. Männliches und Weibliches

vereinigen sich, und der Mann, der die rechte Säule repräsentiert, verströmt eine kleine Menge Samenenergie, die in die Frau eingeht, Repräsentantin der linken Säule und spezialisiert auf das Schaffen physischer Formen.

5. Im normalen Verlauf verwandelt sich diese Samenenergie in eine neue physische Form, und alles bleibt im Gleichgewicht, weil die positive Aussendung in einen negativen Schaffungsprozeß einmündet, der sie neutralisiert. Wenn aber die vom Mann beim Sexualakt ausgesandte Energie nirgends hingelangt, so wurde damit eine Energieladung freigesetzt, die kein materielles Gefäß neutralisiert.

6. Die Sünde von Onan ist also Symbol für alle unnützen und verfehlten Handlungen, die Tag für Tag im Universum stattfinden, in denen Schöpferenergien wie Sonne und Feuer für die Verwirklichung von Prozessen benutzt werden, die ihrer Natur nach im Gegensatz zu den Gesetzen der Schöpfung stehen.

7. Dies ist – nicht mehr und nicht weniger – der Ursprung des berühmten höllischen Feuers. Das bedeutet: Der Mensch setzt in seinem täglichen Wirken schöpferisches Feuer aus seinem eigenen Innern frei, wie Onan es tat, als er mit seiner Gattin schlief. Wenn nämlich kein konkretes Ziel vorliegt, das dieses Feuer mit Materie einkleidet, dann zerstören die im Feuer enthaltenen Energien das Universum mit einer ungeheuren Wirksamkeit.

8. Man kann sagen, die Atombombe ist die drastischste

Illustration von Onans Vergehen auf planetarischer Ebene. Ihre Erfinder haben damit nämlich eine Energie freigesetzt, die bislang in der atomaren Struktur eingeschlossen war. Dabei verbrennt die freiwerdende Energie die Hülle, von der sie umschlossen war, und produziert eine Kettenreaktion. Diese Entwicklung ging so weit, daß längst der Punkt erreicht wurde, an dem der Planet zerstört werden kann.

9. Zu den unnützen Handlungen müssen auch die fehlgeleiteten Absichten gerechnet werden, sowohl mentaler, emotionaler wie auch physischer Natur. Wir sollten verstehen, daß für die Aussendung selbst des kleinsten Gedankens die feurige Energie in unserem Innern nötig ist. Ist ein Gedanke verkommener Art, so resultiert daraus das Entstehen einer zerbrechlichen und schwachen Form. Warum ist sie schwach?

10. Wie wir in den ersten Lektionen über den Vitalzyklus gesagt haben, steht das Üble unter der Herrschaft der Abstoßungskraft, die es letztlich zerstört. Das Kleid des schlechten Gedankens wird sehr bald zerschlissen sein und dadurch die Energie befreit werden, die ihm Leben gab.

11. Wir können unsere falschen Gedanken auch auf andere projizieren, um sie dazu zu bringen, ihrerseits ebenso zu denken. Haben wir ein einflußreiches Amt inne, sei es als Politiker oder durch die Arbeit für eine Zeitung, können unsere verfehlten Gedanken ein Elemental oder ein mächtiges Egregorium schaffen. Wenn sich der unsicht-

bare Körper dieser künstlichen Wesenheit auflöst, versuchen die in ihm enthaltenen Kräfte, sich in das Magnetfeld, das sie erschuf, wieder zu integrieren – im obigen Fall in den Politiker oder den einflußreichen Sensationsreporter. Würde dies nicht verhindert, dann träfe die Rückwirkung den Urheber der negativen Gedanken so heftig, daß er zerstört würde.

12. Um den Ausbruch solcher Zerstörung zu unterbinden, ist eine Gruppe von Luziferen damit beauftragt, diese Energie in ein Gefäß zu kanalisieren: die Hölle.

13. Das gleiche wie mit den Gedanken geschieht noch mehr mit den Gefühlen. Falsche und unnötige Gefühle – wenn wir uns zum Beispiel einer Liebe verschwören, die wir nicht fühlen, oder allgemein die Gefühle von Haß, Zorn und Rache – verursachen in anderen, uns sogar unbekannten Personen wahre emotionale Ausbrüche, die sie bis zu solch extremen Handlungen wie Mord führen können. Die Elementale, die den Körper für derartige Gefühle bereitstellen, setzen bei ihrer Auflösung ebenfalls eine Energie frei, die ihren ursprünglichen Benutzer zerstören würde, wenn es im Universum nicht »Sicherheitsschranken« gäbe, die verhindern, daß solches Unglück sich ereignet. Die Hölle ist wiederum das Depot für dieses Feuer.

14. Auf der physischen Ebene gibt es eine immense Anzahl von Taten, für welche die schöpferischen Kräfte unnütz verwendet werden. Fast die Gesamtheit aller Arbeiten in den Industriegesellschaften sind vom Typus unnütz oder

verfehlt. Sie setzen enorme Energiemengen frei, die im »Lager Hölle« landen.

15. In der Hölle sammelt sich demnach das schöpferische Feuer an, das keine passende Hülle in der physischen Welt gefunden hat. Es handelt sich also dabei um eine Schutzmaßnahme für den einzelnen und das Kollektiv, da das Feuer das Individuum oder die Gesellschaft, die es ausgesandt hat, zerstören würde.

16. Um die Zerstörung zu vermeiden, bewahren die Luziferen es in dem höllischen Gefäß auf. Nach Beendigung des physischen Lebens »steigt« jede menschliche Wesenheit zur Hölle »hinab«, damit ihr dort das einverleibt wird, was sie selbst aufgrund ihrer unnützen Gedanken, Gefühle und Taten ausgesandt hatte.

17. Es ist offensichtlich, daß dieses Feuer nicht in irgendeiner Ecke des Kosmos verweilen kann, da es durch seine Hitze zerstörend wirkt. Es muß also in einer positiven Art dem Aussender wieder einverleibt werden, und dieser Prozeß findet in der sogenannten Hölle statt. Über diese Arbeiten haben wir bereits in den Lektionen gesprochen, die sich mit dem Lebenszyklus befaßten. Jetzt wird der Leser die Natur des Problems jedoch besser verstehen.

18. Es handelt sich nicht darum, das Individuum wegen des begangenen Übels einer göttlichen Bestrafung auszusetzen, sondern es soll dazu gebracht werden, sich Bewußtsein von dem im Kosmos verursachten Ungleichgewicht zu verschaffen, das durch die unnötige Vergeudung der Schöpferkraft entstand.

19. Im kabbalistischen System ist die Hölle die Sphäre der »Kellipoth«. Diese Sephiroth sind analog zu den bereits behandelten, doch erscheinen sie nie im Baum. Sie stellen die Kräfte dar, die aus jeder Sephirah ausgehen, sich jedoch im Ungleichgewicht befinden, und deshalb ist ihre Existenz nur vorübergehend. Am Ende jedes Lebens verschwinden die kellipothischen Kräfte wieder, indem die menschliche Seele sie absorbiert und sich einverleibt.

20. Die Reabsorption der verschleuderten Schöpferenergien produziert im Individuum eine Bewußtseinszunahme, da es sich von diesem Augenblick an gewahr ist, wie und warum es die Kräfte verschwendete. Es kann mit seinen seelischen Augen den ganzen Schrecken und die Unordnung betrachten, die es in der Welt hervorgerufen hat. Die Inkorporierung zerstört dann das Gewebe des niederen Wunschkörpers. Doch das läßt im Individuum keinen Schmerz mehr entstehen; im Gegenteil, es bedeutet eine Befreiung. Denn sind die niederen Hüllen erst einmal verbrannt, kann es in die Lichtzonen aufsteigen, wo es ein paradiesisches Leben führen wird, wie schon vorher beschrieben wurde.

21. Die scheinbar schreckliche Einrichtung der Hölle, die in den exoterischen Religionen als der Ort verstanden wird, an dem Gott den Menschen straft, stellt sich in Wirklichkeit als eine Sphäre heraus, die der Schöpfer zum Schutz vor unseren eigenen unklugen Schöpfungen vorgesehen hat. Um von unseren menschlichen Irrtümern nicht im Verlauf des physischen Lebens erdrückt zu werden, wurden sie dort archiviert, damit wir am Schluß in bequemen

Raten – um es einmal salopp zu formulieren – Bewußt-sein erlangen können über unsere begangenen Irrtümer auf unserer Pilgerschaft.

22. Für den Eingeweihten in das göttliche Werk ist jedoch der Abstieg in die kellipothische Sphäre jeder Sephirah am Ende des Lebens nicht notwendig. Denn er kann schon im Verlauf der physischen Existenz sein Verhalten berichtigen, indem er die mentale, gefühlsmäßige und physische Onanie aufgibt und zugleich durch die abend-liche Rückschau die sinnlos ausgesandten Schöpferkräfte in sich zurückholt. Der kosmische Plan ist ein in Erstau-nen versetzendes Wunder, und ihn zu betrachten erfüllt die menschliche Seele mit Hochachtung und Liebe.

Fragen

1. Worin besteht im engeren Sinn die Sünde von Onan?

2. Was würde geschehen, wenn die ausgesandten und inad-äquat benutzten Schöpferkräfte nicht in einer höllischen Sphäre besammelt würden?

3. Warum löst sich die Hülle des falschen Gedankens schnell auf?

4. Wie kann man den Abstieg in die höllische Sphäre ver-meiden?

5. Welche Funktion hat die Hölle?

Die menschliche Aufgabe

1. Die Bibel berichtet uns mehrmals die Geschichte von den zwei verfeindeten Brüdern und erzählt, daß Gott den jüngeren bevorzugt, so daß im Fall Jakob er den väterlichen Segen erhält. Was genau wollte Moses mit der Geschichte der beiden Brüder zum Ausdruck bringen?

2. Sie repräsentieren die gegensätzlichen Säulen des sephirothischen Baumes. Wenn der jüngere Bruder als die rechte Säule bezeichnet wird, dann steht der ältere für die linke. Diese Zuordnung geschieht nicht willkürlich, denn bei jedem Paar, für das die beiden Säulen stehen, repräsentiert die rechte Säule die Energie oder den Geist – wie wir in den vorhergehenden Lektionen gesagt haben – und die linke Seite die Materie.

3. Auf unseren gegenwärtigen Evolutionsstufen können wir nicht in einem Energiekörper leben. Wir brauchen noch eine materielle Hülle. Die physische Persönlichkeit repräsentiert also den älteren Bruder, der in seinem Innern das energetische Ich trägt – ohne den der größere Bruder nicht existieren könnte.

4. Andererseits wurde das Uratom unseres physischen Körpers – wie wir in den Lektionen über den Lebenszyklus gesehen haben – vor jenen des Wunsch- und des Mental-

körpers geschaffen. Während unsere physische Persönlichkeit schon älter und durchorganisiert ist, um Leben
auszudrücken, sind unsere geistigen Wesensanteile noch
klein und nicht in der Lage, das Leben in ihnen wirken zu
lassen.

5. Wenn die Bibel sagt, daß Kain seinen Bruder Abel tötete,
   müssen wir sie in dem Sinn interpretieren, daß die materielle Persönlichkeit oder der ältere Bruder in seinem
   Leben die kleinere Tendenz eliminierte, die Erbin des
   Lichts, die ihm hätte die Inspiration vom göttlichen Plan
   bringen können. Nach dem Töten dieser inneren Tendenz
   konnte sich Kain nur mit Hilfe der Erkenntnisse der
   Erfahrungen orientieren und erkannte keine andere
   Wahrheit an als jene, die sich aus Praxis und Beobach-
   tung ergibt.

6. Wie wir schon erwähnt haben, operieren die Luziferianer
   in der linken Säule durch Geburah, die göttliche Gerechtigkeit, die sich durch Strenge ausdrückt. Als der Mensch
   das Paradies verließ – das heißt darauf verzichtete, dem
   Weg zu folgen, den ihm die Gnade Gottes anbot –,
   wurden die Luziferianer ermächtigt, dem Menschen ihre
   Weisheit zu vermitteln, damit er den Weg zur Gnade über
   die Verkürzung durch den Schmerz zurückfindet.

7. Der Weg des Schmerzes ist kürzer als der der Gnade, weil
   uns der Schmerz die sofortige Kenntnis einer Realität
   bringt, für die wir sonst ohne die Hilfe der materiellen
   Erfahrung vielleicht Jahrhunderte benötigt hätten, um sie
   zu erahnen.

8. Die Luziferen sind die Lenker und Leiter des Wunsches. Einem Menschen, der keine Wünsche fühlt, können sie nichts anhaben, doch sobald wir etwas Derartiges wahrnehmen, wird sich ein Luziferianer einstellen, der zu unseren Diensten bereit ist, indem er die Befriedigung des Wunsches in unsere Reichweite rückt.

9. Gedanke und Gefühl befinden sich an gegensätzlichen Polen. Im nichtevolutionierten Menschen etabliert sich der Gedanke im Gehirn und der Wunsch im Sexualorgan. Die Aktivität des Wunschzentrums wird dann verhindern, daß der Verstand auf schöpferischer Ebene wirkt, und das Schaffen wird mittels der unteren Zeugungsorgane stattfinden und nicht durch die oberen.

10. Wenn sich der Mensch jedoch schon auf dem Rückweg von den physischen Erfahrungen befindet, steigt das Wunschzentrum bis zum Herzen auf, die Gedanken steigen eben dahin herab. Dies ist der Moment, in dem der tote Bruder aufersteht, und die beiden belebten Tendenzen verfolgen gemeinsame Ziele. Christus wurde der Verwirklicher dieser Einheit.

11. Gehen wir zu Kain zurück, zu dem Menschen, der von den Wünschen angetrieben wird. Die Bibel erzählt, daß Kains Nachkommen alles erfanden und entdeckten. Sie schmiedeten Metalle, konstruierten Maschinen, erbauten Häuser, beherrschten die Elemente, erschufen das Kunsthandwerk, die Musik, die Kunst. Kains Verstand stellt par excellence die Baumeister dar, weil sie auf der linken Säule arbeiten, die der Kristallisation und der Materie.

12. Es kann aber nichts von Dauer erbaut werden, wenn es ausschließlich auf Kräften der linken Seite basiert. Auf der rechten Seite befindet sich nämlich die Wurzel der Unsterblichkeit. Wenn die Formen nicht durch Energie belebt werden, dauert es nicht lange, bis sie zerfallen. Aus diesem Grund ging auch die Zivilisation Kains unter.

13. Die Wasser der Sintflut beendeten die Kainschen Werke. Die Bibel spricht von der Verdorbenheit der Nachkommen Kains, und aus anderen Kanälen sind Informationen bis zu uns vorgedrungen, wie hochtechnisiert die vorsintflutliche Zivilisation war, die auf Effektivitätsdenken und gewissenloser Wissenschaft basierte.

14. In der zwölften Lektion sahen wir bereits, wie die erste Menschheit, von Adam und Eva repräsentiert, die Sphäre des Chesed-Paradieses verlassen und sich in die Geburah-Notwendigkeit begeben mußte. Dort war das Brot nur im Schweiße des Angesichts zu verdienen. Geburah ist das Königreich von Kain – ein Ort, an dem die menschliche Seele nicht ewig bleiben kann. Wenn uns ein Übermaß an Vergnügen aus einem Universum der Güte und Gnade entfernt, so wird uns auch ein Übermaß an Strenge aus jener Sphäre vertreiben, die uns eine Einübung dieser Kraft ermöglichte.

15. Am Baum können wir erkennen, daß nach Geburah Tiphereth in der Mittelsäule folgt. So sollte der Weg der Menschheit nach der sintflutlichen Katastrophe verlaufen, aber Tiphereth ist erst eine zukünftige Eroberung der menschlichen Seele; sie bedeutet das Gleichgewicht zwischen zwei Tendenzen, zu dessen Aufrechterhaltung bei-

de Kräfte lebendig bleiben müssen. In Kains Zivilisation war der Bruder Abel jedoch tot, und deshalb konnte sich kein Gleichgewicht einstellen. Mit der Sintflut kam die Herrschaft der Sephirah Netzah, die unterste der rechten Säule.

16. Bei der Beherrschung der Elemente regiert die linke Säule das Feuer, und das Wasser korrespondiert mit der rechten. Netzahs Wasser spülten die Zivilisation von Kain hinfort und errichteten Noahs Königreich, des Nachkommens der Abelschen Linie.

17. Formen ändern sich, doch die Energie bleibt, das heißt, Kain wird sterben und in tausend verschiedenen Formen wiederauferstehen. Abel jedoch kann nicht sterben. Er kann wie tot verharren, ohne Laut. Wenn wir die biblische Erzählung auf unsere psychische Realität übertragen, können wir sagen, daß Kain und Abel zwei Tendenzen sind, die in jedem von uns existieren. Die stärkere Tendenz, die uns durch Erfahrungen und durch Wissenschaft antreibt, macht sich die kleinere untertan und setzt sie zurück – sie, die den Kontakt mit der Gottheit bewahrt.

18. Dann schafft und baut unser innerer Kain, der sich der durch Abel repräsentierten Gewissensstimme entledigt hat, die Welt nach seinen Wünschen auf. Kain ist derjenige, der Geld verdient, der den Vorsitz in der Verwaltung führt, der die Industrie in Gang hält, der die Umwelt verschmutzt, experimentiert und Irrtümer begeht, der aus der Welt das gemacht hat, was sie heute ist (siehe die fünfzehnte Lektion).

19. Währenddessen wirkt Abel still in unserem Unbewußten. Der Mensch nimmt seine Gegenwart nicht wahr. Für ihn ist er tot. Wenn aber Kain mit den letzten Blutstropfen das sephirothische Gefäß füllt, in dem er wirkt, kommen die Wasser Netzahs in Bewegung. Sie überschwemmen dann alles und begraben Kain in der Tiefe des Unbewußten.

20. Hierin besteht die große Gefahr der Manager: das Untergehen ihres Verstandes in den reinigenden Gewässern von Netzah. Viele Beispiele von Männern können hier angeführt werden, die große Industrien, Banken, internationale Unternehmen geleitet haben und plötzlich bemerkten, wie sich ihr Verstand verdunkelte und sie sich in einfältige Menschen verwandelten. Die Ärzte sagten, sie seien verrückt geworden. Sie sind gewaltlose Verrückte mit dem Verstand eines siebenjährigen Kindes, deren Intelligenz wie unter einer Welle von Emotionen begraben worden ist. Es sind Menschen, die in ihrer Psyche die universelle Sintflut erleben.

21. Wir haben schon erwähnt und wiederholen erneut, daß die Bibel nicht allein geschichtliche Ereignisse erzählt, sondern auch den Entwicklungsprozeß der menschlichen Seele beschreibt auf ihrem involutiven und evolutiven Weg zu ihrem göttlichen Ursprung. Es gibt also heutzutage Gruppen, die in der paradiesischen Periode leben, andere, die gerade aus ihr vertrieben werden, solche, die den jüngeren Bruder töten, jene, die ohne die Hilfe ihres Gewissens handeln, und manche, die der Sintflut zum Opfer fallen – und so fort. Würden wir die Biographie der

verschiedenen Gruppen schreiben, könnten wir so die biblische Erzählung rekonstruieren.

22. Mit Noahs Reich kommt die Gnade zurück zur Welt, und Abel steht wieder auf. Es beginnt eine Zivilisation – eine psychische Etappe –, deren Vergangenheit eine Tabula rasa ist, und der Mensch lebt für das Gebet und den Ritus. Auch in der Welt werden wir viele Beispiele vorfinden von Menschen, die das Wissen gegen den Glauben eingetauscht haben, ohne fähig zu sein, die beiden Tendenzen zu vereinen, deren Bestimmung das gemeinsame Wirken ist. Kain war tot, aber seine Spezies erscheint wieder in einem der drei Kinder Noahs – drei Kinder, die kamen, um jeweils eine Säule des Baumes zu repräsentieren.

Fragen

1. Warum ist immer der jüngere Bruder der Erbe des Vaters?

2. Warum lernen wir durch die Luziferianer schneller?

3. Warum zerfiel Kains Zivilisation?

4. Warum konnten Noah und die Seinigen nicht in die Sphäre Tiphereths eingehen?

5. Was kann man über die Persönlichkeiten Kain und Abel sagen?

Die menschliche Aufgabe

(Fortsetzung)

1. In der vorangegangenen Lektion sagten wir, daß unsere menschliche Aufgabe in der involutiven Etappe darin besteht, die verschiedenen Tendenzen der rechten und linken Säule ins Gleichgewicht zu bringen, indem wir mit einem Bewußtsein leben, das in der mittleren Säule verankert ist.

2. In der Bibel werden diese Arbeiten in der Geschichte von Jakob beschrieben. Das heilige Buch sagt uns, daß Isaak zwei Söhne hatte: Esau und Jakob. Esau war der ältere und repräsentiert die Säule der Strenge. Er war Jäger, gewaltsam, ein Mensch, der in physischen Angelegenheiten zu Konfrontationen neigte. Jakob dagegen war sanft und friedliebend: Er repräsentiert die Säule der Gnade oder Güte, ebenso wie Abel. Wir können sagen, daß Jakob Abel ist und Esau Kain in einem neuen evolutiven Zyklus.

3. Eines Tages kam Esau müde von der Feldarbeit heim und sah, daß Jakob beim Kochen war. Er verkaufte ihm sein Erstgeburtsrecht für einen Linsenteller. Was kann dieses seltsame Geschäft bedeuten?

4. Über das Medium von Persönlichkeiten erzählt uns die Geschichte einen kosmischen Mechanismus, wonach

Esau/Strenge/physischem Körper Nahrung zugeteilt wird, und darauf wird Jakob/Gnade/Spiritualität folgen, dessen wahre Bedeutung schließlich erkannt werden wird. Jakobs Linsen repräsentieren die geistige Nahrung, und wenn unsere physische Persönlichkeit – Esau – müde und entmutigt von den Ereignissen des Lebens zurückkommt, wird sie eine andere Persönlichkeit vorfinden, die ewige, welche die erste wiederbelebt, indem sie ihr Nahrung anbietet, die ihr die Augen zur oberen Welt öffnet.

5. Wir werden alle den hohen Augenblick erleben, in dem unser interner Esau die Überlegenheit des Bruders anerkennt, den wir im Innern tragen; die Überlegenheit unserer geistigen Natur mit ihren Normen, ihren Gesetzen, ihren Gesten und Verhaltensweisen. Und wenn wir eines Tages mutlos, enttäuscht, erfolglos von unseren Unternehmungen zu Hause ankommen, ist es nötig, daß unser Jakob-Geist uns mit einem Linsenteller erwartet, damit wir wiederbelebt werden und in uns eine neue Vorstellung kreieren, und es ist notwendig, daß wir dann sein Erstgeburtsrecht unterschreiben. Wenn unser ewiges Ich nicht unserer kämpfenden, sterblichen Persönlichkeit neues Leben einhaucht, dann ist ein kosmischer Mechanismus in uns zerstört, der dringend einer Reparatur bedarf.

6. Doch nachher – so erzählt die Geschichte – haben die beiden Brüder noch miteinander gekämpft, und Jakob mußte flüchten. Auch Jesus mußte flüchten, um dem Zorn Herodes' zu entgehen. Daß die materielle Persönlichkeit die Vorherrschaft des Geistigen anerkennt, bedeutet

nicht, daß wir uns von heute auf morgen gemäß den Gesetzen der oberen Welten verhalten können: Ein langer Weg wird noch zu gehen sein, und die innere Persönlichkeit, die göttliche, wird von der anderen noch getrennt bleiben und in einem anderen Milieu wachsen müssen. Momentan ist es wichtig, daß sich die heilige Persönlichkeit zu bestimmten Stunden des Tages manifestieren kann und daß auch der materiellen Persönlichkeit gewisse Stunden zur Verfügung stehen.

7. Nachdem Jakob erst einmal die Anerkennung durch den älteren Bruder erreicht hatte, mußte er noch den Segen des Vaters empfangen, und um das zu bewerkstelligen, war es nötig, Esaus Kleider anzuziehen. Das heißt, die materielle Persönlichkeit kann nicht mit der geistigen verschmelzen, weil sie den Teil darstellt, dem das Licht fehlt, der nicht unterscheidet, und die Verschmelzung mit dem anderen würde seine Auflösung bedeuten. Es muß also die Spiritualität sein, die Erbin der Göttlichkeit, die sich mit dem Gewand der anderen verkleidet. Das Untere verschwindet beim Aufstieg, während das Obere immer zu einer niedrigeren Welt heruntersteigen kann. Das ist das Geheimnis Binahs, wie schon erklärt wurde.

8. Durch den Bruder und die obere geistige Instanz anerkannt, die durch den Vater repräsentiert wird, flüchtet Jakob, der Vereiniger der beiden Säulen, um diese Union durch Arbeit zu festigen.

9. Von der rechten Säule kommt uns die göttliche Inspiration zu; von der linken die Erkenntnis durch die physi-

schen Erfahrungen. Der Mensch muß alle beiden Tugenden vereinen. Die göttliche Offenbarung nutzt uns nichts, wenn wir nicht bereit sind, sie aufs materielle Leben zu übertragen, indem wir das Gesetz in Stein verwandeln. Deshalb mußte Jakob, der Erbe der Göttlichkeit, Jahr um Jahr hart arbeiten im Haus seines Onkels Laban, des Repräsentanten der linken Säule, da er der Bruder der Mutter war, und die Mutter gehört ja der linken Säule an.

10. Auf seiner Flucht durch die Wüste schlief Jakob mit dem Kopf auf einem Stein und hatten den berühmten Traum, in dem eine Leiter Himmel und Erde miteinander vereinte, auf der die Engel herunter- und hinaufstiegen. Am Ende erschien der Ewige und versprach, daß sich seine Nachkommenschaft bis an die Grenzen der Welt ausdehnen würde, von Norden nach Süden, von Osten nach Westen.

11. Diese Vision des kosmischen Planes taucht immer in jenen auf, denen es gelungen ist, eine Brücke zwischen der Spiritualität und dem materiellen Leben zu errichten. Das tatsächliche Bestehen dieser neuen Welt wird dann offensichtlich, und die Seele, die sich von dieser Gewißheit hat durchdringen lassen, wird nie mehr zweifeln. Dann wird es nicht mehr nur der Glaube sein, der ihrer Hoffnung Nahrung gibt, sondern die absolute Sicherheit der Existenz Gottes und die Überzeugung einer grandiosen Zukunft, die sie erwartet.

12. Durch den Beweis der Ewigkeit gestärkt, beginnt Jakob mit den Arbeiten im Haus seines Onkels. Die Legende

erzählt, daß Laban zwei Töchter hatte: Lea und Rachel. Lea, die ältere, war häßlich und plump; Rachel hingegen, die jüngere, war schön und sanft. Jakob verliebte sich sofort in Rachel, welche die rechte Säule repräsentiert.

13. Jakob erhält von seinem Onkel Rachels Hand versprochen, doch da er arm ist, verlangt der zukünftige Schwiegervater, daß er sieben Jahr für ihn arbeite, um sie zu verdienen (sieben Jahre sind die symbolische Zeit, die es den sieben unteren Sephiroth Chesed, Geburah, Tiphereth, Netzah, Hod, Jesod und Malkuth erlaubt, mit ihren Schwingungen das Werk zu gestalten, das sie gerade in Angriff genommen haben).

14. Nachdem aber die sieben Jahre um und die Hochzeitsfeierlichkeiten im vollen Gang waren, entdeckt Jakob nach der Hochzeitsnacht, daß sich im Hochzeitsbett Lea befindet und nicht die schöne Rachel. Was bedeutet diese Vertauschung?

15. Das bedeutet, bevor wir die Früchte der Gnadensäule erhalten können, müssen wir zuerst jene von der Säule der Strenge in Empfang nehmen. Das heißt, die Kenntnis von den Gesetzen der Welt ist es, die es uns dann erlaubt, mit rechtem Verständnis die göttliche Güte anzuwenden. Das Gute kann man nur tun, wenn man es weiß, es kennt, denn ohne diese Vorkenntnisse kommt es dazu, daß jemand glaubt, das Gute zu tun, obwohl es in Wahrheit das Böse ist.

16. Jakob mußte also zuerst die Strenge (Lea) befruchten, bevor er die Früchte der Gnade (Rachel) erhielt. Die

Geschichte berichtet uns, daß Jakob, als er den Austausch bemerkte, bei seinem Schwiegervater protestierte. Laban antwortete nur, es sei notwendig, die ältere Tochter zu heiraten, bevor er die jüngere heiraten könne; deshalb kam es zum Austausch. Um die jüngere zu gewinnen, brauche er nur weitere sieben Jahre für ihn arbeiten, und sie wäre die seinige. Laban beschränkte sich also darauf, ihn auf eine kosmisches Gesetz hinzuweisen, so wie wir es gerade erklärten: Zuerst müssen Werke in der materiellen Welt geschaffen werden, bevor man daraus Profit für die geistigen Welten ziehen kann.

17. Jakob arbeitet also von neuem für die schöne Rachel, während er mit der dunklen Lea Kinder zeugt. Es werden so sechs Kinder von Lea geboren, zwei weitere von Leas Sklavin, die beide der Säule der Strenge angehören, noch zwei von Rachels Sklavin und zwei von Rachel selbst: Joseph und Benjamin.

18. Benjamin war das letzte der Kinder Jakobs. Als Rachel mit ihm schwanger war, bat Jakob seinen Schwiegervater Laban, daß er ihn in seine Geburtsland, das Heilige Land, zurückkehren lasse, da Benjamin nur dort geboren werden konnte. Warum?

19. Weil Benjamin für Jakob, also für die menschliche Seele, die Krone seiner Arbeit bedeutete. Er war sein zwölftes Kind, das heißt, er hatte alle möglichen menschlichen Erfahrungen realisiert, wobei jede für ein Tierkreiszeichen steht, ebenso wie Herkules mit seinen zwölf Arbeiten. Benjamin bedeutet die Vollendung, und wenn es zur

Vollendung kommt, ist man ganz offensichtlich an seinem Platz, an seinem Ort, angekommen. Benjamin konnte also nicht im »fremden« Land, im »Land der Feinde«, geboren werden, was bedeutet: in einem veränderten psychischen, in einem niederen Zustand als dem tatsächlich erreichten.

20. Jakob verläßt die Erde von Laban, das Land der Lehrzeit, das heißt mit all seinen Frauen, seinen Dienern, seinen Herden, bereichert mit all den Erfahrungen seiner Prüfungsperiode. Er will seinen Bruder Esau treffen, der sich ebenfalls auf dem Weg befindet, um seinen jüngeren Bruder zu empfangen.

21. Die Begegnung und die Umarmung der Wiederversöhnung finden im Niemandsland statt. Wie wir schon unter Punkt 10 der vorigen Lektion sagten, steigt bei der Durchführung der vereinigenden Arbeiten von Denken und Fühlen im Innern des Individuums das erstere ab und letzteres auf bis zum Herzen, wo beide verschmelzen. Die symbolische Reise von Esau zu Jakob und Jakob zu Esau ist die Inszenierung dieses natürlichen Gesetzes.

22. Jakob und seine zwölf Kinder symbolisieren also den geistigen Zustand des emotional für alle Lebensströme geöffneten Menschen, der für den Herzschlag des Kosmos sensibel geworden ist; den Menschen, der die Werke mit den zwölf Urenergien – die zwölf Tierkreiszeichen – vollbracht hat, indem er den Zentralpunkt erreichte, der durch die Sephirah Tiphereth symbolisiert wird.

Fragen

1. Was bedeutet Jakobs »Linsenteller«?

2. Warum muß die geistige Persönlichkeit die Kleider des Materiellen anlegen?

3. Was bedeutet das Symbol der Himmelsleiter?

4. Warum mußte sich Jakob zuerst mit Lea verheiraten, bevor ihm dies mit Rachel möglich war?

5. Was bedeuten die Arbeiten Jakobs?

Die menschliche Aufgabe
(Fortsetzung)

1. In der vorangehenden Lektion sagten wir, daß Jakob das Symbol der menschlichen Seele auf ihrer Pilgerschaft durch die materielle Welt darstellt. Unsere Aufgabe als Mensch besteht darin, uns zu öffnen für alle Strömungen, die aus den verschiedenen Lebenszentren hervorgehen. Sie beleben in uns die Tierkreismaterie, die aus den Urelementen besteht, die Gott benutzte, um alles zu formen.

2. Jede Sephirah – außer Kether, Chochmah und Malkuth – hat zwei Tierkreiszeichen unter ihrer Obhut, ausgenommen Tiphereth und Jesod, die nur je eines regieren. Binah-Saturn wirkt, um im Menschen die Strömungen zu beleben, die in Steinbock und Wassermann entspringen; Chesed-Jupiter wirkt im gleichen Sinn bei Schütze und Fische; Geburah-Mars beschäftigt sich mit Widder und Skorpion; Netzah-Venus herrscht in Waage und Stier; Hod-Merkur korrespondiert mit Jungfrau und Zwillingen; Tiphereth-Sonne leitet Löwe; und Jesod-Mond regiert Krebs.

3. Jakob gelang es, sich mit den zwölf großen Strömungen in Kontakt zu bringen; und die Bibel drückt diese Tatsache aus, indem sie sagt, er hatte zwölf Söhne, die das auserwählte Volk formten, die zwölf Stämme Israels.

4. Das Wort »Israel«, aus den hebräischen Buchstaben Yod, Shin, Resh, Aleph und Lamed zusammengesetzt, bedeutet: Der in den Menschen hineingelegte göttliche Gedankensame vereint das göttliche Wirken mit dem menschlichen, um gemeinsam neue Ernten zu produzieren. Das Wort Israel bezeichnet den Gott-Mensch, den potentiellen Schöpfer eines neuen Universums.

5. Da Jakob keinen Menschen aus Fleisch und Blut, sondern einen geistigen Zustand darstellt, ist auch das aus ihm geborene »Volks« kein physisches, sondern ein mythisches. Jakobs Erben sind all jene, welche die inneren Arbeiten ausgeführt haben, die darin bestehen, ihre Seelen allen geistigen Strömungen zu öffnen und bereit zu sein, am göttlichen Werk mitzuarbeiten.

6. Dennoch hatte die Menschheit in dem Evolutionszustand, der durch die Person Jakobs symbolisiert wird, den Mentalkörper noch nicht empfangen. Das Uratom des Gedankenkörpers wurde uns an diesem vierten Schöpfungstag eingepflanzt. Diese Arbeit wird jedoch nicht sofort durchgeführt, denn an jedem neuen Schöpfungstag findet eine Wiederholung der früher erlebten Perioden statt. Jakob führte die Wiederholungsarbeit durch, die mit seinem Wunschkörper zusammenhing, indem er sich auf emotionaler Ebene mit allen Lebenszentren verband.

7. Jehova, der Aspekt der Gottheit, der die Arbeiten jener Epoche leitete, entschied, daß der Mensch schon die nötige Reife erlangt hätte, um den Mentalkörper zu erhalten; doch nicht alle Menschen hatten diesen Reifezustand

erreicht, sondern nur eine bestimmte Gruppe: diejenigen, die in Ägypten gerade schwere Arbeiten verrichteten, ein Land, in dem die Spiritualität im höchsten Glanz erstrahlte. Diese Gruppe wurde von den geistigen Nachkommen Jakobs geformt.

8. Jehova plante, sie aus einem »Land« herauszuführen, das für den Empfang des Gedankenkörpers nicht geeignet war, und damit erzählt der »Auszug aus Ägypten« ein natürliches Geschehen, das sich in unserer Psyche ereignet. Denn den Übergang von einem psychischen in einen höheren Zustand können wir als das »Verlassen« dessen bezeichnen, was bisher unser Universum war, um anschließend ein anderes »Land« zu betreten.

9. Diese »Reise« – eine innere Erfahrung – tritt oft im Äußeren in Erscheinung, weil sich durch das natürliche Gesetz das veräußerlicht, was wir im Innern tragen. Viele, die sich die Spiritualität schon angeeignet haben, vollzogen dies im Verlauf einer Reise, durch den Aufenthalt in einem fremden Land oder durch den Kontakt mit jemandem aus einer anderen Stadt.

10. Die Gruppe Auserwählter, jene, die zu den Israeliten wurden, verließen also Ägypten – den vorangegangenen psychischen Zustand –, um sich im Gelobten Land niederzulassen, zu dem sie der Besitz des Intellekts gebracht hatte. Der Übergang von einem Zustand in einen anderen ist immer dramatisch, weil der Regent unseres früheren seelischen Zustandes seine Rechte verlangt, sein Mandat ausüben will, uns seinem Gesetz unterordnen will. Wer

den Zugang zum Geistigen schon erfahren hat, weiß, wie fordernd sein früherer Herr ist, der ihn ständig antreibt, den alten Lastern nachzugehen, und wie er darauf beharrt, über eine innere, im Sterben liegende Welt zu herrschen, die gerade die zwölf Plagen erleidet. Dieser Kampf um das Vordringen zum Höheren wird in der Bibel mit der Verfolgung durch die Ägypter bis zur Katastrophe am Roten Meer beschrieben, eine Grenze, welche die unteren Kräfte nicht überschreiten konnten.

11. Dann ereignet sich die Episode vom Manna, das vom Himmel herabfällt. Diese für das auserwählte Volk bestimmte mystische Nahrung ist der Gedankenkörper. So gibt uns die Bibel die Form bekannt, in welcher die göttlichen Hierarchien der geistigen Elite der Menschheit den Intellekt einhauchten.

12. In den ersten Lektionen haben wir bereits gesehen, daß in den wichtigen Momenten ein Teil der Menschheit zurückbleibt und dann zur Gruppe der Nachzügler übergeht. Nur ein kleiner Teil der Menschheit war fähig, den Mentalkörper zu empfangen, und Jehova erlegte ihnen bestimmte Regeln auf; die wichtigste: keine sexuellen Beziehungen mit Angehörigen der Gruppe zu unterhalten, die nicht für die Aufnahme des Mentalkörpers geeignet war.

13. Das Höhere kann mit dem Niederen nicht zusammenleben, ohne sich selbst zu erniedrigen, und die Gerufenen mußten eine bestimmte Schwingung aufrechterhalten, um die Implantierung des Mentalkörpers zu ertragen.

Manche gehorchten, andere aber nicht; das heißt, von den Gerufenen konnten nicht alle auserwählt werden. Diejenigen, die die Prüfung nicht bestanden, indem sie sich »Töchter der Menschen« nahmen, sahen sich von der früheren Gruppe getrennt.

14. Die Empfänger des Mentalkörpers, die wahren Israeliten im geistigen Sinn, machen den Kern der heutigen weißen Rassen aus und begründeten in ihren späteren Inkarnationen die westlichen Nationen.

15. Als jene, welche die Probe nicht bestanden hatten, dies in der Prüfung wahrnahmen, die wir alle nach dem Tod durchführen, erkannten sie den begangenen Irrtum und nahmen sich vor, sich zu bessern und sich nur mit Individuen ihres eigenen Volkes zu verheiraten. Als sie ins physische Leben zurückkehrten, verhielten sie sich entsprechend. Ihr Vorhaben war jedoch sinnlos geworden, weil das auserwählte Volk den Mentalkörper schon erhalten hatte. Sie befanden sich in der gleichen Position wie die Nachzügler – es war also nutzlos, eine Reinheit der Rasse bewahren zu wollen.

16. Die ehemalig Gerufenen, aber nicht Auserwählten sind es, die das heutige jüdische Volk ausmachen, das sich immer noch weigert, sich mit den anderen Rassen zu vermischen. Die Rassen werden – wie jeder physische Organismus – geboren, erreichen ihre Reife, degenerieren und sterben. Wenn das Ego eine übermäßige Liebe für die Rasse empfindet, in der es sich inkarniert, wird es sich karmisch mit ihr verbinden und erscheint in einem

neuen Leben wieder in derselben. Wiederholt sich diese Liebe und versteht das Ego nicht, daß die Rasse nicht mehr als ein physischer Träger ist, dann wird seine Seele durch die Versklavung an die Rasse dem absteigenden Weg folgen, und seine geistigen Fähigkeiten werden jedesmal weniger. Die Befreiung aus den Banden der Rasse ist eine geistige Arbeit, ohne welche die anderen Arbeiten nicht vorankommen können.

17. Die Darstellung dieser Tatsache wirft ein Problem auf, auf das uns wohl einige Leser aufmerksam machen wollen: Wenn die Menschheit keinen Mentalkörper besessen hatte, der die Aussendung von Gedanken erlaubt hätte, wie konnte dann Kains vorsintflutliche Zivilisation eine so hohe technische Entwicklungsstufe erreichen? Sehen wir uns dies an.

18. Gegenwärtig wird mit Vollendung des einundzwanzigsten Lebensjahres der Gedankenkörper im Individuum »geboren«. In den ersten sieben Jahren wiederholt es die Arbeiten des ersten Schöpfungstages; von sieben bis vierzehn wiederholt es die des zweiten; von vierzehn bis einundzwanzig jene des dritten, und ab einundzwanzig führt es die eigentlichen Arbeiten des vierten Tages aus.

19. Dem Individuum steht der Gedankenkörper bis zum Alter von einundzwanzig nicht zur Verfügung, und trotzdem gibt es Heranwachsende, die sehr intelligent sind, bevor sie dieses Alter erreichen. Welche mentalen Kräfte benutzen sie? Die hermetische Wissenschaft sagt, daß ein Individuum bis zum Alter von einundzwanzig mit dem

Gedankenkörper seiner Eltern arbeitet, dessen Reflexe es aufnimmt.

20. Wenden wir das Gesetz der Analogie an, so können wir sagen, daß der Mensch der Kainschen Zivilisation, die noch keinen Intellekt besaß, mit dem Mentalkörper des kosmischen Vaters dachte.

21. Doch der Vater war damals nicht Kether, nicht Chochmah oder Binah, von denen er sich beim Verlassen der paradiesischen Sphäre trennte. Der »Vater«, der Mentor jener Epoche, war Luzifer, der mit seinen Legionen in der Sphäre von Geburah arbeitete. Es genügte, wenn ein Mensch jener Zeiten einen Wunsch ausdrückte, und schon war eine Legion von Luziferianern bereit, ihn zu erfüllen. So betrieb der Mensch Technik und Wissenschaft, erorberte er materielle Gipfel, doch in ihm blieb nichts davon haften, weil ihm diese Eroberungen nicht angehörten. Alle atlantische Technik und Wissenschaft wurde von den Wassern der Sintflut hinweggespült, und danach mußten die Menschen erneut von vorn anfangen. Auch die Magier primitiver Stämme bewerkstelligen Wunder, welche die moderne Wissenschaft nicht erklären kann, und sie verstehen selbst nicht die natürlichen Prozesse ihrer Durchführung.

22. Nachdem der Intellekt erobert worden war, mußte es die Arbeit Jakobs sein, erneut mit dem Gedankenkörper zu beginnen, den der Mensch gerade erhalten hatte. Christus schließlich machte es möglich, daß diese Vereinigung verwirklicht werden konnte.

1. Wer sind die Erben Jakobs?

2. Was nahm sich Jehova mit den Auserwählten vor?

3. Welche Beziehung besteht zwischen einer »Reise« und dem Wechsel eines seelischen Zustandes?

4. Warum behindert die Liebe zur Rasse die geistige Entwicklung?

5. Woher stammte die Mentalkraft, mit der die Menschen arbeiteten, bevor sie einen Gedankenkörper besaßen?

Die menschliche Aufgabe
(Fortsetzung)

1. In Kether-Krone manifestiert sich die göttliche Kraft als inneres Feuer oder Brennen, das in allem Geschaffenen wohnt. In Chochmah ist die göttliche Kraft flüssiges Licht und manifestiert sich in der materiellen Welt als Wasser. Kethers Feuer und das Wasser Chochmahs sind die Schöpferelemente, die Lebensspender, welche die Fruchtbarkeit bewirken. Die drei ersten Sephiroth befinden sich unter Kethers Herrschaft, und deshalb dominiert das Element Feuer auf diesem hohen Niveau.

2. Die drei folgenden Sephiroth Chesed, Geburah und Tiphereth stehen unter der Herrschaft von Chochmah; das heißt, in ihnen herrscht das Element Wasser vor. Im psychischen Bereich entspricht dem Wasser Emotion, Wunsch, Liebe. Da in jedem einzelnen dieser Elemente auch die Kraft lebt, die es hervorgebracht hat, sehen wir, daß im Wasser das Feuer existiert; und es genügt, es zu erwärmen, damit es sich in Dampf verwandelt. Man kann also sagen, daß Chochmahs Wasser zugleich auch Feuer ist, jedoch in einem anderen Zustand: flüssiges Feuer, das sich als befruchtende Liebe ausdrückt.

3. Alles, was sich in einem Zyklus an erster Stelle befindet, untersteht der gleichen Norm wie das an erster Stelle Befindliche im vorangegangenen Zyklus. So finden wir,

daß Chesed, die erste Sephirah der unteren Dreifaltigkeit Chesed – Geburath – Tiphereth – wenn auch in Abhängigkeit von Chochmah –, eine Affinität zu Kether besitzt, der ursprünglichen Nummer eins. Daher kommt es, daß Chesed, der getreue Reflex von Kether und Chochmah zugleich, der die Emanationen des Feuers wie des Wassers empfängt, der strahlende Garten sein kann, den wir als Garten Eden oder Paradies kennen.

4. Geburah dagegen repräsentiert den Punkt, an dem sich die feuchten Qualitäten Chochmahs besonders intensiv konzentrieren. Der Einfluß Geburahs manifestierte sich auf der Erde als der atlantische Nebel, der in jener Epoche erschien, als die Menschheit in eine neblige Atmosphäre eingehüllt war, die mit »Kiemen« geatmet wurde, welche der Mensch damals besaß wie die Fische heute.

5. Das in der Atmosphäre verteilte Wasser wurde zum sintflutlichen Regen und setzte dieser Periode ein Ende. Von da ab blieb das Wasser in den Meeresbecken, das Festland erschien, und die Sonne ging zum erstenmal auf; das heißt, es begann die Epoche der Herrschaft Tiphereths. Diese Sephirah steht in Verbindung zu Binah, da sie sich an der dritten Stelle der schon erwähnten zweiten Trinität befindet, und mit Chochmah, weil sie die Nummer zwei der Mittelsäule ist und außerdem zur Dreifaltigkeit gehört, die unter der Herrschaft Chochmahs steht.

6. Eines von Binahs Attributen ist das der aktiven Intelligenz, die mit der Herrschaft über die Luft korrespondiert. Im physischen Bereich wird Luft mit Idee, Gedanken,

Logik gleichgesetzt, und es war, wie wir schon gesehen haben, Binah, die das physische Universum »dachte« – indem sie ihm die Möglichkeit zur Manifestation gab durch ihren Verzicht auf den Lichtteil, der ihr zustand. Und es war der Verlust der Wärme, der den Niedergang der sintflutlichen Wassermassen hervorrief; die Katastrophe wurde also durch Binahs Tätigkeit ausgelöst. Die heilige Wissenschaft sagt uns, daß der Mensch zum erstenmal Sauerstoff atmete, als die Sintflut zu Ende ging, und es überlebten nur jene, die Lungen entwickelt hatten. Sie waren die Noahs; die anderen gingen in der Katastrophe unter. Damit stieg Binahs Attribut, die Luft, auf und entfaltete zugleich ihre Aktivität im Zentrum Tiphereth.

7. Alles, was der Erde zustößt, muß auch dem auf ihr wohnenden Menschen widerfahren. Das bedeutet, daß die Katastrophe der kollektiven Ebene jedes Individuum zu verinnerlichen hat und sie auf persönlicher Ebene durchleben muß. Die Durchquerung des Roten Meeres entspricht im Individuum dem, was im Kollektiven die Sintflut war. Das Rote Meer ist Geburah, denn als Nummer zwei dieser zweiten sephirothischen Trinität hat sie das Element Wasser verinnerlicht, das von Chochmah regiert wird. Geburah wird also die Hochburg der Emotionen, Wünsche, Leidenschaften sein; hier drückt sich der Wunschkörper mit höchster Intensität aus. Geburahs Farbe ist das Rote, ihr materieller Repräsentant Mars.

8. Wenn uns die Bibel sagt, daß das auserwählte Volk das Rote Meer durchquerte, was ihren Verfolgern nicht gelang, bedeutet dies, daß eine Vorhut imstande war, das

andere Ufer zu erreichen, das von Geburah zu Tiphereth führt, während die übrigen nicht die dafür notwendigen Bedingungen erfüllten. Einige waren bereit, den Gedankenkörper zu empfangen; die übrigen aber mußten noch im Reich der Wünsche bleiben. Wenn gesagt wird, eine Person sei fähig, über das Wasser zu gehen, ohne zu versinken, so hat dies dieselbe Bedeutung: Es handelt sich um einen Menschen, der den emotionalen Zustand überwunden hat und der die Emotionen wie einen festen Sockel benutzen kann, um sich bis zur Gedankenwelt zu erheben. »Wenn du dich, Pilger, eines Tages in den Emotionen versinken siehst, traurig, verzweifelt über das Elend, das deine Mitmenschen ›dir angetan‹ haben, so ist dies das Zeichen dafür, daß du noch nicht die Wasser des mythischen Roten Meeres überquert hast.«

9. Um diese Prüfung zu bestehen, brauchte das auserwählte Volk einen Führer: Moses, der Mensch, der mit Gott gesprochen hat. In unserer Psyche befindet sich ebenfalls eine Moses genannte Tendenz, die in Kontakt mit unserem Ego ist. Wenn das »Volk«, das von unseren verschiedenen inneren Impulsen geformt wird, dem Führer gehorcht, wird es uns nicht schwerfallen, das Rote Meer zu durchqueren, und wir werden an das Ufer gelangen, an dem die Leidenschaften nicht mehr wirken können.

10. So also hat sich das auserwählte Volk in den Reichen von Tiphereth niedergelassen und begann die Arbeiten, die es zur Beherrschung des Verstandes durchführen sollte – dieses Verstandes, der vom Himmel in der Form von Manna, der göttlichen Nahrung, fiel. Er wird zum Instru-

ment, das es dem Menschen ermöglicht, die Mysterien des göttlichen Planes zu verstehen, und dank seiner ist er nicht länger ein Objekt in den Händen der Götter wie in der paradiesischen Chesed-Periode; und er ist auch nicht mehr der in der Dunkelheit wandernde Blinde, der auf die Impulse der Luziferianer vertraut. Durch den Verstand konnten die göttlichen Kräfte direkt in ihn eindringen und bewußt mit seinem Ego arbeiten. Damit aber der Mensch dies verwirklichen kann, benötigt er einen anderen Befreier, und dieser neue Führer wird Christus sein.

11. Die Bibel erzählt, daß eine Gruppe des auserwählten Volkes, weil Moses lange auf dem Berg Sinai verweilte, das Götzenbild eines goldenen Kalbes errichtete und es anbetete. Moses geriet darüber so sehr in Zorn, daß er die Gesetzestafeln zerbrach. Das Kalb ist in Wirklichkeit der goldene Stier, das Symbol jener Etappe, die das auserwählte Volk gerade überwunden hatte. Und wirklich ist es heute noch in Indien so, daß dort die Kuh verehrt wird, die das Tierkreiszeichen Stier repräsentiert. Moses führte sein Volk in das Land des Widders, doch nicht alle Gerufenen paßten sich diesem Land an, und einige kehrten zum Stier, zur alten Religion, zurück.

12. An diesem Punkt widmet die Bibel der Gesetzgebung des Lebens ganze Kapitel, gemäß den Anweisungen Jehovas, der in Binah (die Sephirah der Institutionalisierung) arbeitenden Gottheit. Aus Binahs Manifestationen geht das Gesetz hervor, das uns das Universum zu verstehen erlaubt, und deshalb wurden Regeln aufgestellt, die ein gutes Funktionieren sicherstellen. Da wir selbst ein klei-

nes Universum darstellen, müssen wir die Energie des Mentalkörpers dazu benutzen, die richtigen Normen festzusetzen, die unser Leben regieren sollen.

13. Dann beginnen die Arbeiten des Baus der Bundeslade. Noah benötigte eine Arche, um den kosmischen Übergang zu bestehen, der über den zweiundzwanzigsten Pfad von Geburah zu Tiphereth führt. Das auserwählte Volk brauchte diese Bundeslade, um den vierundzwanzigsten Pfad zu beschreiten, der von Tiphereth zu Netzah verläuft, das Gelobte Land des Überflusses.

14. Die Bundeslade wurde nach den Maßen und mit den Materialien erbaut, die Jehova angab. Der Mensch arbeitet hier zum erstenmal bewußt mit Gott zusammen, um das zu erstellen, was später der Tempel sein wird, in dem der Gedankenkörper errichtet wird, das heißt der Tempel, in dem unser Ego regieren soll.

15. Die heiligen Bücher sagen, daß sich in der Bundeslade die Schatten der zukünftigen Ereignisse befanden – eine Vorwegnahme der Zukunft. Wie in den Lektionen erklärt wurde, welche die Arbeiten Jakobs betrafen, können heilige und profane Persönlichkeiten am Anfang einer jeden Evolutionsphase nicht zusammenleben. Das auserwählte Volk konnte nicht beständig nach den Normen seines jung erworbenen Mentalkörpers leben. Es hatte sie noch nicht verinnerlicht; er war noch eine äußere Eroberung, die es mit sich durch die Wüste trug, ein Name, den man den Pfaden gibt, die zwei Lebenszentren vereinen; sie stellen die »Wohnungen«, die »Paradiese«, das »versprochene Land« dar.

16. Die Bundeslade ist also das Symbol der Verbindung des Menschen mit seiner göttlichen Persönlichkeit, also mit seinem Ego während einer Vorphase, noch äußerlich. In unserer Evolution gibt es immer einen Moment, in dem uns das Ego von »außen« leitet, und nur ab und zu tritt unsere profane Persönlichkeit in das »Zelt« ein, wo sich die Bundeslade befindet, um dort die Anweisungen des Egos zu erhalten. Dann kommunizieren wir mit der Gottheit und durchdringen uns mit dem Vorhaben unseres transzendenten Leiters. Anschließend gehen wir wieder in die profane Welt hinaus und vergessen die göttlichen Pläne unseres himmlischen Ichs.

17. Diese Situation konnte jedoch nicht ewig andauern. Das Ego brauchte eine feste Wohnung zu seiner Verfügung, in der es sich niederlassen konnte, um die weltliche Persönlichkeit lenken zu können. Der Bau dieses Palastes wurde uns in der Bibel durch die Geschichte vom Tempel Salomons beschrieben. Es ist wiederum Jehova, der die Maße dieses Tempels festlegt und angibt, welche Materialien verwendet werden sollen. Doch Salomon, der die höchste Weisheit besitzt, fehlt das Talent zum Baumeister. Um diesen Tempel zu erbauen, muß er sich an einen »Ausländer« wenden, an jemanden, der nicht wie er ist. Dieser Architekt heißt Hiram Abiff.

18. Salomon und Hiram spielen erneut die Rolle der verfeindeten Brüder. Salomon repräsentiert Netzah, und Hiram ist Hod; der erste besitzt die Weisheit, die der rechten Säule eigen ist; der zweite die praktische und bautechnische Intelligenz, die der linken Säule innewohnt. Die

Legende erzählt, daß die Königin von Saba, von der Weisheit Salomons und der Schönheit des Tempels angezogen, an seinen Hof mit reichen Geschenken kam und sich sofort in den König verliebte.

19. Bei der Besichtigung des Tempels war die Königin über die Stille, die an diesem Ort herrschte, verwundert, und sie bat Salomon, er möge die Handwerker zur Arbeit rufen. Doch Salomon besaß nicht das Befehlszeichen, und kein Arbeiter erschien auf sein Rufen hin. Da wurde die Königin gewahr, daß noch jemand Machtvollerer als Salomon existierte, und sie wollte ihn kennenlernen. Man stellte ihr Hiram vor, und auf sein Zeichen hin nahmen die Handwerker ihre Arbeit wieder auf. Beim Betrachten jener Wunderbares schaffenden Harmonie sah Salomon, wie in den Augen der Königin die Liebe für den höchsten Architekten entflammte, was in ihm tödliche Eifersucht erzeugte. Die Königin von Saba ist das Symbol der Menschheitsseele und wird im Baum durch Jesod repräsentiert, einmal von Netzah, dann von Hod verführt.

20. Von seiner Eifersucht getrieben, unterstützte Salomon die Auflehnung dreier Arbeiter Hirams gegen ihren Meister. Hiram war ein Schaffender und gab sich nicht mit dem Bau eines Palastes zufrieden, dessen Maße von der Gottheit gegeben wurden. Er wollte etwas Persönliches zum Werk beitragen, was in einem »Meer aus Bronze« bestand – ein Gefäß, in dem sich die reinsten Metalle im Zustand der Verschmelzung befinden sollten, damit sich die Priester in ihnen reinigen konnten. Die drei Verräter bereiteten die Sabotage dieses Werkes vor, indem sie die

Kanäle, durch welche die kochenden Metalle fließen sollten, mit denen für das Wasser verbanden. Als das Werk in Angriff genommen wurde, rief die Vermischung von Wasser und Feuer eine furchtbare Explosion hervor, und Hirams Pläne wurden zunichte gemacht.

21. Mitten in der Katastrophe hörte Hiram die Stimme seines Vorfahren Kain, der ihn aus dem Zentrum der Erde rief. Hiram stürzte sich in das Meer aus Bronze und stieg zum Grund der Erde hinab. Dort traf er seinen Ahnen, der ihm die Formel mitteilte, durch die er eine harmonische Verbindung zwischen Wasser und Feuer würde herstellen können; er übergab ihm das Schlüsselwort und ein neues Zepter. Mit dieser Weisheit bewaffnet, kam Hiram wieder an die Oberfläche zurück, wo ihn jedoch schon die drei Verräter erwarteten und ihn mit ihren Arbeitsgeräten erschlugen. Dieses Mal waren es – durch Salomon – die Nachkommen Abels, die den Tod an Hiram – einem Nachfolger Kains – unterstützten.

22. In der Geschichte Jakobs sahen wir, daß er es war – der Repräsentant der rechten Säule –, der alle Arbeiten durchführte, die ihm erlaubten, sich mit seinem Bruder Esau zu verbinden und so Feuer und Wasser zu vereinen, das heißt die Gefühle mit dem Verstand. Wir sahen ebenfalls, daß sich diese Arbeiten auf den Wunschkörper bezogen; es handelte sich darum, die emotionale Natur, durch Chochmah regiert, mit den konstruktiven Arbeiten, die Binah zugeordnet sind, zu verschmelzen, so daß Chochmah der Repräsentant war, der handeln sollte. In bezug auf den Mentalkörper, der sich unter der Leitung Binahs befindet,

ist Hiram sein Repräsentant, der die Vereinigung mit der Geschwistersäule vollziehen muß. Im emotionalen Bereich ist es die rechte Säule, aus der uns die Vollendung zukommen soll; aber im Mentalbereich ist es die linke Säule, von der die Initiative ausgeht. Ihr schwarzes Licht – das verinnerlichte Licht – ist es, das für das Ego einen festen Wohnsitz errichten soll, denn der mythische Tempel Salomons ist das Symbol des inneren Tempels, den wir alle ohne einen Hammerschlag erbauen müssen. Auf weltlichem Niveau repräsentiert Salomon die exoterische Kirche und Hiram die Freimaurer oder die initiatische Schule.

Fragen

1. Von wem hat Chesed seine paradiesische Qualität?

2. Was bedeutet es genau, das Rote Meer zu durchqueren?

3. Was bedeutet die Eroberung des Mentalkörpers für den Menschen?

4. Welche Bedeutung hat die Bundeslade?

5. Was symbolisiert die Geschichte von Salomon, Hiram, der Königin von Saba und dem Bau des Tempels?

20. Lektion
Die göttliche Aufgabe

1. Wir haben dem Baum die biblischen Symbole zugeordnet und konnten sehen, daß die gesamte heilige Geschichte einen Abstieg in die materiellen Wirklichkeiten darstellt – von der geistigen Spitze Kether, dem Vater, bis zu unserer materiellen Welt Malkuth, die eine Reflexion von den Inhalten der anderen Sephiroth ist. Denn die subtilen Emanationen dieser Lebenszentren, die aufgrund der guten Dienste Jesods in Bilder verwandelt wurden, können auf unserer Erde nur als schwache »Pinselstriche« ankommen, als Symbole; auch wenn sie uns erlauben, eine transzendente Wahrheit zu erahnen, sind sie dennoch nicht geeignete Vehikel, um in ihnen die Wahrheit zu erleben.

2. Der aus sieben Etappen bestehende Schöpfungsplan sah vor, daß der Mensch zu Ebenen »hinabsteigt«, die ihm den Erwerb eines Selbstbewußtseins erlauben würden, um dann zur Höhe der Göttlichkeit »aufzusteigen« und so Stück für Stück schöpferische Kräfte zu erwerben. Doch mit all den nach unten geöffneten Wegen konnte der Mensch nicht von sich aus die Richtung umkehren und den Aufstieg beginnen. Er brauchte eine Hilfe von seiten der Götter. Um uns diese Hilfe zu bringen, kam Christus.

3. Christus benötigte für die Durchführung seines Werkes einen Menschen. Er ist Teil der Kräfte, die am zweiten Schöpfungstag aktiv waren und ihren Sitz in Chochmah, der Sphäre der Liebe, haben. Wie wir schon sagten: Wenn die Strukturen des Universums repariert werden müssen, wendet man sich an Chochmah, damit sie die Harmonie wiederherstelle. Chochmah wirkt in unserer materiellen Welt durch Tiphereth, die physische Sonne; Chochmah repräsentiert demnach den Messias von oben und Tiphereth den Messias von unten, dessen Kräfte uns zur Verfügung stehen.

4. Die geistige Generation, der Christus angehört, hatte nie einen physischen Körper. Der niedrigste, in dem sie wirkte, war der Wunschkörper, weshalb Christus für seine Manifestation in der physischen Welt einen Menschen finden mußte, der fähig war, ihm seinen physischen Körper zur Verfügung zu stellen; ein Mensch, dessen Körper nicht zerbrechen durfte, wenn in ihn die höheren Vehikel des Christus einzogen.

5. Dieser Mensch war Jesus, der fortgeschrittenste Eingeweihte der menschlichen Lebenswelle. In letzter Zeit sind Legenden aufgekommen, wonach Jesus nach Indien oder Tibet ging, um in die esoterischen Mysterien initiiert zu werden. Die Falschheit derartiger Erzählungen wird offensichtlich, wenn man weiß, daß kein Mensch auf der Erde einen so hohen Evolutionszustand erreicht hatte wie er, so daß er die hinduistischen Heiligen lehren konnte und nicht sie ihn. Diese Legenden tendieren dazu, die tibetanische Religion als ein hohes geistiges Zentrum

erscheinen zu lassen mit der Absicht, einige Lehren zu kommerzialisieren, die nicht halten können, was sie versprechen.

6. Jesus gab seinen physischen und seinen Vitalkörper dem Christus, der sie mit seinem Wunschkörper und natürlich auch mit seinen höheren Vehikeln verband. So ausgestattet, konnte Christus sein Amt ausführen, und damit war zum erstenmal ein Mensch mit einem Gott verbunden.

7. Es geht darum, den Weg nach oben für den Menschen zu öffnen, indem die Reihenfolge der Pfade umgekehrt wird, von Malkuth zu Kether. Die Situation war dann die folgende: Der Mensch verfügte bereits über einen Mentalkörper, den er bei der Durchquerung des Roten Meeres erhalten hatte, und so wurden die Sephiroth Netzah, Hod und Jesod tätig, die der von Binah regierten Trinität entsprechen.

8. Dieser Mentalkörper war aber jung und dem Wunschkörper unterlegen, welcher strukturierter, weil älter war; als Folge davon wurde das Mental vom Wunschbereich für dessen Ziele benutzt: Geburah regierte verkleidet weiter, während Chesed, der Träger der Gnade, inaktiv blieb seit der Periode, als der Mensch das Paradies verließ. Es wurde nötig, das Mental zu verstärken, um es von der Vormundschaft durch den Wunschkörper zu befreien.

9. Die Diktatur der Wünsche über den Verstand hatte zur Konsequenz, daß sich der Mensch nach dem Tod nicht mehr weiter als bis zur Wunschwelt erheben konnte, weil er während des Lebens keine mentale Aktivität entwik-

kelte, die es ihm erlaubt hätte, sich mit der Welt der Gedanken zu verbinden.

10. Dann erkannte der Mensch die Unmöglichkeit, mit seinem eigenen Ego Kontakt aufzunehmen, das von den höheren Regionen aus wegen der fehlenden Verbindung zum physischen Vehikel weder seine Vorhaben ausführen noch ihm seinen Lebensplan einprägen konnte.

11. Der Mensch kam deshalb nach einem Aufenthalt im Reich der Wünsche zwar mit einem neuen Wunschkörper zur physischen Welt zurück, aber mit dem gleichen Mental, das sich in der Gedankenwelt nicht ausbreiten und damit auch nicht erneuern konnte. So verfiel er ein ums andere Mal denselben Irrtümern, weil sein Mentalkörper nicht korrekt die in den unteren Regionen der Wunschwelt gemachten Erfahrungen assimilieren konnte, und viele waren nicht einmal in der Lage, bis zu den oberen Regionen dieser Welt aufzusteigen.

12. Christus kam, um in den niederen Regionen der Wunschwelt die Atmosphäre zu »reinigen« und die »Larven zu verbrennen«, damit sich der Mensch bis zur Höhe der Gedankenwelt würde erheben können. Dafür war es notwendig, daß sein Blut vergossen wurde.

13. Wie schon früher erklärt wurde, ist das Blut das Vehikel des Wunschkörpers, und in ihm lagern die Bilder unseres emotionalen Lebens. Durch das Vergießen des Blutes Christi auf Golgatha wurde sein Wunschkörper befreit und die Erde in ein Reinigungsbad getaucht; denn sein Wunschkörper vibrierte mit einer solchen Intensität, daß

sich in der Wunschwelt der Erde etwas wie eine atomare Katastrophe ereignete, in der alle Inhalte aufgelöst wurden und es zu einer endgültigen »Abrechnung« kam.

14. Das Feuer der Hölle mit den in ihr enthaltenen verkommenen Bildern wurde von der christlichen Welle absorbiert, die selbst ein sehr intensives Feuer enthielt, welches das höllische Feuer »verbrennen« konnte. Es wurde dem leuchtenden Körper des Christus einverleibt und löste sich in ihm auf. Dieses Phänomen ist in den Evangelien unter dem Namen der »Vergebung der Sünden« bekannt und besagt, daß Christus nach dem Tod zur Hölle hinabstieg und die Verdammten befreite.

15. Im Baum sehen wir, daß Tiphereth »gekreuzigt« wird von Chesed und Hod, Geburah und Netzah, deren Verbindungspfade die vier Balken eines Kreuzes formen. Die Energien, die der christliche Körper enthält, strömen durch diese vier »Balken« aus und verstärken – wie schon gesehen – den Mentalkörper, der Impulse von Netzah-Hod erhält, reinigen die von Geburah ausgehenden Emanationen und öffnen die Tore zum Chesed-Paradies, die seit dem Sündenfall Adams geschlossen waren.

16. Durch das Verstärken des Mentalkörpers eröffnete Christus dem Menschen die Möglichkeit, daß sich sein Verstand gegenüber den Wünschen durchsetzt; die Möglichkeit, ein intellektuelles Leben in der physischen Welt zu entwickeln und nach dem Tod in die Gedankenwelt aufzusteigen, um in Kontakt mit unserem Ego zu treten, so wie es bereits in den Lektionen über den Lebenszyklus gelehrt wurde.

17. Betrachten wir im Licht dieser Erkenntnisse erneut den kabbalistischen Baum, so ergibt sich folgendes: In der Hauptperiode des Wirkens der ersten drei Sephiroth wurde unser physischer Körper geboren, in der Herrschaftsperiode der drei mittleren unserer Wunschkörper und während des Wirkens der drei unteren unser Mentalkörper.

18. Das Element, das mit der ersten Dreiheit korrespondiert, ist das Feuer, mit der zweiten steht das Wasser in Verbindung und mit der dritten die Luft. Das vierte Element Erde ist das Ergebnis von allem in Malkuth, Repräsentant der Erde und auf mikrokosmischer Ebene unser persönliches Ich.

19. Beim Pfad des Aufstiegs ändert sich die Abfolge der Elemente: Das erste ist die Erde, das zweite die Luft, welcher der Mentalkörper entspricht (Jesod–Hod–Netzah), das dritte das Wasser, mit dem der Wunschkörper in Beziehung steht (Tiphereth–Geburah–Chesed), und das vierte das Feuer (Binah–Chochmah–Kether). Wenn sich beim Abstieg Wasser–Empfindungen–Leidenschaften dem Verstand aufprägen, so müssen sich beim Aufstieg Luft–Gedanken–Ideen–Logik dem Emotionalkörper einprägen.

20. Aus diesem Grund geht der Kandidat der initiatischen Schulen durch vier Prüfungen in dieser Reihenfolge: Prüfung der Erde, der Luft, des Wassers und des Feuers.

21. Als Christus starb, blieben seine höheren Körper Gefangene der Erde, so daß seine Seele ohne Unterlaß die

Reinigungsarbeit fortsetzt. Er verbrennt die Ausschei-
dungen der unteren Sphären der Wunschwelt und übt
ständig die Vergebung unserer Sünden aus. Wer ihn
anruft, wer sich unter seinen Schutz stellt, wird – wenn
dies mit Aufrichtigkeit geschieht – sofort gereinigt. So
wirksam ist seine hohe Mission.

22. Was Jesus anbelangt – er hat sich nicht wieder inkarniert.
Er setzt seine Aufgabe in der Welt der Wünsche fort und
arbeitet mit seinem Emotionalkörper, der befreit wurde,
als sich Christus in seiner physischen Hülle inkorporierte;
er ist Schutzherr aller exoterischen Kirchen der Erde,
welche die Einheit des Menschen proklamieren – nicht
aber jener von rassistischem Charakter.

Fragen

1. Warum brauchte Christus für seine Manifestation die
Mitarbeit eines Menschen?

2. Was war die Aufgabe Christi auf der Erde?

3. Warum war es notwendig, daß das Blut Christi vergossen
wurde?

4. Welches Phänomen verbirgt sich hinter dem Ausdruck
»Vergebung der Sünden« im Zusammenhang mit dem
Abstieg des Christus in die Hölle?

5. Was machte Jesus, als er seinen Körper dem Christus
überließ?

Die göttliche Aufgabe
(Fortsetzung)

1. In der vorangehenden Lektion sagten wir, daß Christus permanent auf der Erde arbeitet, indem er mit der Strahlung seines Wunschkörpers unsere geistige Atmosphäre reinigt und uns so die Eroberung der geistigen Welten erleichtert. Diese Arbeiten vollziehen sich mit System und Methode und folgen wie alles, was sich im Universum ereignet, einem präzisen Zeitplan.

2. So kommt es, daß zur Wintersonnenwende, wenn sich die Sonne drei Grad im Zeichen Steinbock befindet, in der Domäne Binahs, der Herrin, der dunklen Mutter der Welt, der schwarzen Jungfrau, wie man sie gewöhnlich nennt, daß dann Christus auf der Erde geboren wird. Binah ist die Sephirah, die den Geburten vorsteht, welche die Formen ermöglicht, die über die Zahl Drei herrscht, und aus diesem Grund wird Christus am 25. Dezember geboren, wenn sich die Sonne im dritten Grad Steinbock befindet.

3. Es handelt sich nicht um eine symbolische Geburt, sondern um eine reale. Auf makrokosmischer Ebene dringt zu dieser Zeit ein neuer geistiger Impuls in die Erde ein, der zwar noch nicht wirksam ist, aber – mit einem biblischen Ausdruck –»den Tempel der Philister niederreißt«, worunter man die Mächte der Dunkelheit versteht. Die Bibel erzählt uns diese Episode durch die Geschichte des

blinden Samson, der auf dem Fest der Philister in dem Moment, als die Dunkelheit auf der Welt am größten ist, mit Kraft die beiden Säulen anpackt, die den Tempel stützen, und sie umstürzt, wodurch alle erschlagen werden. Nachdem der Tempel der Dunkelheit niedergerissen war, wurde die Welt wieder offen für neues Licht.

4. Auf mikrokosmischer Ebene wird am 25. Dezember in den Herzen der Menschen die Christus-Strahlung geboren, bestimmter Menschen, die in dieser magischen Nacht ihre untere Natur verwandeln und den Ruf der Geistigkeit in sich vernehmen können. Die gewöhnlichen Leute essen und trinken in der Heiligen Nacht, und diese physische Nahrung ist Symbol für jene geistige, die sie eines Tages aufnehmen werden, wenn in ihnen die heilige Persönlichkeit geboren wird. Der Wein des unteren Weinbergs, mit dem sie sich betrinken, ist das Symbol des göttlichen Nektars des oberen Weinbergs, den einmal Noah trank. Wer Anwartschaft auf das Geistige stellt, muß in der Nacht des 24. zum 25. auf jedes profane Fest verzichten und den Kontakt mit der Spiritualität suchen. Dann wird Christus in ihm geboren werden, und die umwandelnde göttliche Kraft wird seine Seele dem Reich des Geistigen öffnen.

5. Zum Aprilvollmond, wenn die Sonne durch das Zeichen Widder wandert und der Mond sich in Waage befindet, vollzieht sich der Tod des Christus. Auch hier handelt es sich um einen wirklichen, einen erlösenden Tod, bei dem die Inhalte des Wunschkörpers Christi – Gefangener der Erde, doch vereint mit dem Himmel, mit Tiphereth und

Chochmah – auf unsere Welt ausgegossen werden und sie dadurch von ihren Irrtümern befreit.

6. Diese reale Tatsache, auch wenn sie für unsere Augen unsichtbar ist, erklärt die Buße zur Karwoche, die mit dem Aprilvollmond im Zusammenhang steht. Wir sagten bereits, daß die geistigen Kräfte nicht unterschiedslos und blind wirken, sondern von höheren Intelligenzen gelenkt werden, die sie kanalisieren und verwalten. Der christliche Schock des Osterereignisses, der geistige Tod des Christus, kommt jenen zugute, denen aufgrund ihrer Verdienste verziehen werden muß; das heißt, ihre Wunschkörper müssen gereinigt werden, damit sie zu einer höheren Vision der Dinge gelangen können. Die Personen, die in unseren Prozessionen Kreuze und Ketten tragen, sind sich dieser geistigen Wirklichkeiten nicht voll bewußt, aber etwas sagt ihnen, daß das Verzeihen »in der Luft« liegt, und sie gehen auf die Straße, um es aufzunehmen. Die Ehrlichen, jene, die es verdienen, werden es erhalten.

7. Der christliche Impuls steigt zu dieser Zeit in die niederen Regionen der Wunschwelt hinab, genauso wie es beim Drama auf Golgatha geschah, und verbrennt von neuem mit seinem höheren Feuer jenes, das aus den menschlichen Verirrungen hervorging (siehe die fünfzehnte Lektion). Auch für die Toten ist dies die Stunde des Verzeihens, der Abrechnung, so daß alle Jahre zu Ostern eine Legion Seelen die niederen Regionen der Wunschwelt, also der Hölle, verläßt und in höhere Regionen aufsteigt. Die Gebete für die Verstorbenen werden demzufolge

während dieser Periode des Jahres eine besondere Wirksamkeit haben.

8. Die Prozessionen der Karwoche, die in unserer Zeit allmählich verschwinden, weil man sie nicht mehr versteht, sind Inszenierungen des kosmischen Dramas, das sich in diesen Tagen ereignet. Dies alles können wir zusammenfassen, indem wir sagen, daß das Heilige in das Profane eindringt und es verwandelt. Die Straßen der Stadt sind Symbole unserer Psyche und ihrer Struktur: Autobusse, die uns erlauben, unseren verschiedenen Tendenzen nachzugehen; Banken, in denen unsere inneren Werte aufbewahrt werden; Kinos, die unsere Zerstreuung repräsentieren. In der Sprache des Traumes stellt die Stadt die psychische Struktur dar und das Land die Gebiete, die noch nicht von unseren Gedanken und Gefühlen bevölkert sind. In diese psychische Organisation dringt plötzlich das Heilige ein und lähmt alles: Kinos, Banken, Einkaufshäuser; die profane Geschäftigkeit verschwindet, und der geistige Impuls herrscht über der Stadt. Die Prozession ist also eine symbolische Repräsentation von etwas, das real in diesen Tagen geschieht.

9. Auf individuellem Niveau läßt die schon in Aktivität und Transformation umgewandelte christliche Kraft in jenen die Stigmata erscheinen, die auf dem emotionalen Weg die Vervollkommnung erreicht haben, welche durch die rechte Säule repräsentiert wird. Da diese Personen nicht die Kanäle für den Verstand öffneten, um die geistigen Kräfte im sozialen Leben anzuwenden, drückt sich der christliche Impuls positiv in ihren inneren Naturen aus

und unterbricht die Verbindung zwischen physischem und Wunschkörper; dabei entstehen die berühmten sieben Wundmale, welche die sieben Rosen darstellen, die auf dem Kreuz der Wesen erblühen, welche die Heiligkeit erlangt haben.

10. In denjenigen, die mit den Kräften der linken Säule dem Weg des Verstandes gefolgt sind, läßt der christliche Schock die innere Gewißheit entstehen, die sie dazu bringt, ihr Verhalten nach den göttlichen Gesetzen einzurichten. Sie entdecken plötzlich die Bedeutung der Dinge und erkennen ihre Aufgabe. Die Christus-Geburt am 25. Dezember ist wie ein Ferment für eine neue Welt, die sich dem Bewußtsein noch nicht offenbart hat. Der Tod des Christus im Vollmond Widder/Waage repräsentiert das tiefe Bewußtsein des hohen Geschehens.

11. Der christliche Impuls manifestiert sich wieder zur Sommersonnenwende, wenn die christliche Welt das Johannisfest feiert. Im April wird der Wunschkörper des Christus freigesetzt, und seine Strahlungen dringen in den Menschen ein, wodurch die innere Gewißheit entsteht; am 24. Juni treibt die Christus-Kraft die Menschheit an, sie in der Außenwelt zu offenbaren.

12. Die in manchen Gegenden noch angezündeten Johannisfeuer geben eine Idee von der Wirkungsweise der Kraft Christi im menschlichen Verstand. Es ist Tradition, daß die Kinder von Haus zu Haus gehen und alte Dinge sammeln, die verbrannt werden sollen. Die Kinder repräsentieren die noch säuglingshaften psychischen Tenden-

zen, die das Zeichen des Christus tragen. Die alten Teile sind die verbrauchten Dinge, die alten unnützen Gewohnheiten, die sich in unserem inneren Leben breitgemacht haben und die verbrannt werden müssen, um Platz zu schaffen für die christliche Persönlichkeit.

13. Nachdem all das Alte, das in uns noch war, verbrannt wurde, kann die neue Christus-Persönlichkeit Besitz nehmen von unserem menschlichen Vehikel, um die Früchte hervorzubringen, die mit großer Fülle in der Sommerzeit geerntet werden. Der Mensch wird das Gesetz des Christus auf der Erde errichten, das Gesetz der Liebe, das kommt, um die alten Regeln zu ersetzen, die von Jehova eingesetzt worden waren.

14. Der christliche Impuls wird sich noch einmal manifestieren zur Herbst-Tagundnachtgleiche, wenn die Sonne die himmlische Grenze der Waage überschreitet; dann aber ist nicht die Zeit für bestimmte Feiern, denn die Essenz des Christus wurde geboren, ist in uns eingezogen, hat angefangen, nach außen zu wirken, und jetzt – im Herbst – ist sie bereits eine Kraft geworden, die normal tätig ist. Nun geht es darum, die Früchte zu ernten, welche die christliche aktive Natur gab. Wurde Christus in uns wirklich geboren und starb er in uns, dann müssen wir mit Ankunft des Herbstes ein Gleichgewicht von konkreten Taten herstellen können, von Arbeiten, die unter der Benutzung der Christus-Natur vollbracht wurden.

15. Es genügt nicht, daß wir selbst nach dem Gesetz der Liebe leben, das uns Christus aus seiner göttlichen Welt brach-

te. Es ist nötig, daß wir in der Gesellschaft wirken, in dem Milieu, in das wir hineingestellt wurden, damit unsere Angehörigen – jene, die sich in unserer Einflußsphäre befinden – auf gleiche Art leben können und sich so auf die zweite oder mystische Geburt vorbereiten. Mit Beginn des Herbstes empfangen wir die Inspiration, in der Gesellschaft zu wirken, und wir müssen vorbereitet sein für die Arbeit zugunsten der anderen.

16. Der tägliche Zyklus ist eine Miniatur des Jahreszyklus mit seinen vier Jahreszeiten. Wir können sagen, der Frühling ist der Zeitraum von Sonnenaufgang bis Mittag, der Sommer die Zeit von Mittag bis Sonnenuntergang, der Herbst reicht von Sonnenuntergang bis Mitternacht und der Winter von Mitternacht bis Sonnenaufgang.

17. Folglich brauchen jene, die nach dem höheren Leben streben, nicht den Beginn der vier Jahreszeiten abzuwarten, um den Christusimpuls zu verinnerlichen: sie können dies alle Tage durchführen. Dazu muß man um Mitternacht wach sein und in einem Gebetszustand Gedanken und Wünsche nach oben schicken, damit sich die christliche Geburt ereignen kann. Bei Sonnenaufgang wird man erneut wach sein, um in sich die Botschaft des anbrechenden Tages aufzunehmen, und mit all seinen Kräften um eine Aufgabe und um das Verständnis der Wirkungsweise des Universums bitten. Zur Mittagszeit wird man wieder in Einklang kommen mit der Christus-Kraft und um Hilfe bitten, um gemäß der göttlichen Harmonie wirken zu können, und bei Sonnenuntergang eine erneute Vereinigung mit der Gottheit suchen, an sie

die Bitte um einen erfolgreichen Abschluß des Werkes senden und die eigenen Schwingungen – emotional wie mental – für die Wiederherstellung der kranken Organismen und der gestörten Harmonie aussenden.

18. Manche Leser werden fragen: »Und wann schlafen wir?« Dazu müssen wir sagen, daß die großen Asketen wenig schlafen. Wenn der Körper den Durchbruch der Leidenschaften, der Völlerei, des Trinkens, des Rauchens … des Hasses, des Neides, der Eifersucht und anderer niederer Gefühle erleidet, benötigt er viele Stunden Ruhe, damit der Vitalkörper das physische Gewebe reparieren kann. Wenn ihr aber mit dem Gesetz der Liebe leben könnt, werdet ihr sehr wenig Schlaf brauchen, um die Stärke des Körpers wiederherzustellen. Die Beherrschung des Schlafes ist der erste Schritt zur Initiation; er ist unvermeidlich, doch soll er nicht getan werden, wenn sich das Umfeld unseres Lebens – familiäre, soziale und andere Beziehungen – nicht dazu eignet. Jeder Aufstieg muß progressiv erfolgen, ohne daß dabei die Beziehungen mit der Familie gestört werden.

19. Wenn wir die vier eben beschriebenen Impulse dem kabbalistischen Baum zuordnen, können wir sagen, daß sich Tiphereth bei der Geburt des Christus mit Hod verbindet, durch ihr Licht die Strenge, die jener Sephirah eigen ist, hinwegschmilzt und den Intellekt von seinen kritischen und beschränkenden Tendenzen reinigt, denen Binah vorsteht. Bei seinem Tod verbindet sich Christus-Tiphereth mit Netzah und verstärkt mit seiner hohen Schwingung die Intensität der Liebe. Zur Sommerson-

nenwende dringt die christliche Kraft in Geburah ein und stellt die Weichen, die uns zum Tätigwerden in der Welt im Einklang mit dem Gesetz des Christus führen; zur Herbst-Tagundnachtgleiche dringt sie in Chesed ein und öffnet die Tore zum Paradies für jene, die selbstlos zugunsten der anderen gewirkt haben.

20. Wir sagten, daß Christus auf die Erde kam, um den Weg des Menschen umzukehren, so daß er nach der Periode der Involution den evolutiven Pfad betreten konnte. Auf diesem Weg der Rückkehr sehen wir, daß das, was unten war, oben bleibt; deshalb korrespondieren die ersten Kräfte, die beim Aufstieg von Malkuth aus belebt werden, mit den Zentren Jesod, Hod und Netzah, das heißt mit jenen, die positiv im Mentalkörper wirken.

21. Dies bedeutet, daß das Mental, nachdem es während des Verlaufs nach unten aktiviert wurde und die Arbeiten des Baus eines Tempels für das Ego durchgeführt worden sind, erneut belebt wird bei der Rückkehr nach oben. Als Konsequenz davon ergibt sich, daß das Ego die volle Herrschaft über sein physisches Vehikel erlangt und daß der Wunschkörper nichts mehr gegen dessen Willen unternehmen kann, da er vollständig unter die Herrschaft des Egos gelangt.

22. Bei der Fortsetzung des Gangs nach oben wird auch der Wunschkörper vitalisiert werden, in dem Tiphereth, Geburah und Chesed positiv wirken, doch der Mentalkörper wird über ihm und die Wünsche werden unter der Leitung des Verstandes stehen. Die Gedanken werden die Gefüh-

le für ihre Ziele einsetzen und nicht umgekehrt, wie es jetzt geschieht. Auf die gleiche Art, wie eine kosmische Sintflut und eine Durchquerung des Roten Meeres stattfand, die wir als eine persönliche Arbeit auszuführen haben, muß sich auch das Kommen des kosmischen Christus vor 2000 Jahren als eine persönliche Geburt in jedem von uns wiederholen. Die ist die für die Menschheit des Wassermannzeitalters reservierte Arbeit, doch die Fortgeschrittenen – und Sie sind einer von ihnen, da Sie diese Lektion studieren – müssen sofort mit den Arbeiten beginnen. Bedenken Sie, daß Sie gerade die Einladung dazu erhalten haben.

Fragen

1. Wie kann man das Phänomen beschreiben, das sich jedes Jahr am 25. Dezember ereignet?

2. Was geschieht alle Jahre zum Aprilvollmond?

3. Was in uns zu verbrennen laden uns die Johannisfeuer ein?

4. In welchem Sinn wirkt die christliche Kraft im Herbst?

5. Was genau erzeugt die Entfaltung der christlichen Energien im Mentalkörper?

22. Lektion

Schlußbetrachtung

1. In den Lektionen erwähnten und wiederholten wir, daß
   die heilige Geschichte unsere eigene Geschichte ist, genauso wie die gegenwärtigen Weltereignisse mit ihren
   Konflikten, Kriegen, technischen Errungenschaften etc.
   In irgendeinem Bereich unserer menschlichen Geographie befinden sich die Krisenherde, die jetzt Kuwait,
   Libanon, Falkland, Afghanistan genannt werden wie früher Vietnam, Kongo etc. Alles, was in dieser Welt passiert, hat sich zuvor schon in der geheimnisvollen Tiefe
   unseres Ichs ereignet, und jeder Gewaltakt, jede Unge-
   rechtigkeit, die in uns auftaucht, wird von irgendeinem
   Tyrannen wiederaufgenommen und unvermeidlich in Taten umgesetzt. Diese Aufzählung soll darauf aufmerksam
   machen, daß sich auch die Sephiroth in uns selbst befinden, und hier müssen wir den Einklang mit ihnen suchen,
   nicht im Äußeren.

2. In unserer inneren Natur befindet sich die göttliche
   Chochmah und erzeugt ständig die christlichen Tugenden
   der Liebe, der Wiederherstellung, der Heilung, indem sie
   aus jedem von uns ein Lebenszentrum der Erneuerung
   des kranken Universums macht. Da sich die Kraft Chochmahs nicht in Bewegung setzt, wenn Kether nicht aktiv
   ist, und damit Chochmah in uns tätig wird und wir dieje-

nigen sein können, durch welche die anderen Vitalität, Energie und Gesundheit empfangen, ist es notwendig, daß wir unseren Willen in Gang bringen – das Attribut Kethers. Wir können unser Chochmah genanntes Zentrum beispielsweise dadurch beleben, daß wir unseren Willen in den Dienst von kranken Menschen stellen oder anderweitig mildtätig aktiv werden.

3. In uns befindet sich gleicherweise das als Binah bezeichnete Zentrum, durch das wir auf tieferer Ebene wirken müssen, als es unseren Verdiensten gemäß wäre. Unsere älteren Brüder, die von den menschlichen Aufgaben schon befreit sind, kommen freiwillig zur Erde zurück, um uns zu belehren und uns zu helfen, unsere blinden Flecken zu beseitigen. Wir müssen ebenfalls fähig werden, auf ein niedrigeres Niveau herabzusteigen und die dort Lebenden heraufzuheben. Wir sollten imstande sein, ihre Gewohnheiten zu übernehmen und zu praktizieren und ihre Irrtümer zu begehen, damit sie – wenn wir so sind wie sie – uns folgen können, wie auch die wilden Stiere den Sanftmütigen folgen, die in die Arena hinuntersteigen, um sie von der Quälerei zu erlösen.

4. Auch Chesed wirkt in unserem Innern, das Lebenszentrum, das uns dazu antreibt, ein Paradies zu errichten und unsere inneren Kräfte in voller Freiheit zu gebrauchen. Damit Chesed korrekt wirken kann, muß in uns Kethers Schöpferwille existieren, Chochmahs Liebe und Binahs Opfer. Wenn diese drei Prinzipien nicht den Aufbau unseres Glücks leiten, wenn wir das Opfer ausnehmen, wie es im allgemeinen gemacht wird, und die Liebe auf

die Befriedigung unserer selbst einschränken, werden wir uns aus Chesed vertrieben sehen, wie dies mit Adam und Eva geschah. Im nachfolgenden Leben wird Chesed in uns gelähmt sein, und wir werden auf der Erde der Strenge leben, wo alles Schweiß und Leiden erfordert.

5. Geburah ist eines der aktivsten Zentren, die heute in unserem Innern funktionieren, da wir alle die Regeln Cheseds verletzt haben; wir alle haben ausgenutzt und nutzen weiter die Privilegien aus, die sie uns anbietet. Von daher ist es notwendig, daß die Strenge Geburahs uns wieder an den Punkt zurückbringt, an dem jedes Zentrum in uns im Rhythmus mit den kosmischen Kräften tätig sein kann. Jedesmal, wenn wir die kosmische Ordnung durch unser Verhalten übertreten, müssen wir unsere innere Geburah anrufen, damit sie uns die Kraft gebe, uns unseren Schwächen und Irrtümern zu stellen. Machen wir das nicht, befinden wir uns im nächsten Leben mit einem Baum voll von Früchten auf der Seite Geburahs und mit vielen in dieser Sphäre gelegenen Planeten als Zeichen, daß die Strenge eine aktive, erzeugende Kraft für bestimmte Ereignisse sein wird. Geburah ist der Chirurg, der schneidet und die Wunde ausschält; sie ist auch das Rote Meer der Emotionen, über dessen Wasser wir zu gehen lernen müssen.

6. Wenn alle diese Zentren richtig ihre Funktionen ausführen, wenn wir in keinem von ihnen steckengeblieben sind, indem wir uns fälschlicherweise mit ihren Vergnügungen identifizierten, dann können wir normal die zentralisierenden Kräfte Tiphereths gebrauchen, die den christli-

chen Willen ausdrückt und uns erlaubt, harmonisch den aus der rechten Säule hervorgehenden geistigen Impuls mit jener der linken Säule entstammenden Notwendigkeit zu verbinden. Während der Wille Kethers etwas zum erstenmal in Bewegung setzt – ein Ziel, dessen Erreichen wir uns vornehmen –, wirkt der Wille Tiphereths auf die Emotionen, transmutiert sie und erlaubt ihre Beherrschung und öffnet so das Tor des Verstandes in unserem täglichen Verhalten.

7. Wir müssen die Kräfte unserer inneren Netzah anwenden, um alles, womit wir in Kontakt kommen, zu verschönern; wir müssen mit der Verschönerung unserer selbst beginnen, unserer äußeren Erscheinung, und dafür sorgen, daß aus uns Harmonisches und Angenehmes hervorströmt. Dann benutzen wir diese Kräfte, damit das soziale Leben schön und liebenswürdig wird, damit die Struktur der Gesellschaft zum geeigneten Raum für die Manifestation der anderen Sephiroth wird, damit der Reichtum in allen Bereichen überfließt – wobei unter Reichtum die Tugenden verstanden werden, die aus den verschiedenen Lebenszentren emanieren.

8. Die Kräfte unserer inneren Hod müssen mobilisiert werden für die Entdeckung der Wahrheit. Wir werden nicht in der Wahrheit weilen, wenn wir aus unserem Organismus keinen Tempel schaffen, in dem unser Ego wohnen kann. Und diese geistige Parzelle, diese zu uns gehörende göttliche Zelle, wird nicht in unserem physischen Körper leben können, wenn wir nicht auf einer bestimmten Frequenz schwingen. Wenn ein Lebenszentrum in uns nicht

funktioniert, wird unsere persönliche Schwingung herabgedämpft, weil ein Bereich unserer geistigen Geographie
wie gelähmt ist, und die anderen Kräfte kommen der
kranken Sephirah zur Hilfe gemäß dem Gesetz der vollkommenen Solidarität, das im Universum herrscht. Wenn
die Kräfte aus ihrem Zentrum abströmen, reduziert sich
die Schwingungsintensität des Individuums, und das Ego
kann nur bruchstückhaft in uns wirken. Die Entdeckung
der Wahrheit über den kosmischen Plan erlaubt es uns,
die Regeln seiner Wirkungsweise zu erkennen und folglich unser Verhalten nach dem Pulsschlag des Universums auszurichten. Dann wird es so sein, daß wir der
lebendige Tempel für unser göttliches Ich sind.

9. Durch das Zentrum Jesod veräußerlichen und objektivieren sich alle inneren Impulse. Durch Jesod wird das, was
sich in unserem Innern befindet – seien wir uns dessen
bewußt oder nicht –, in Bilder, in Situationen umgewan-
delt. Fühlen wir Haß, Nachtragen, Rachegelüste, dann
haben wir die Sicherheit, daß an dem einen oder anderen
Tag Jesod dies in der realen Welt objektivieren wird und
uns die Gelegenheit zur Ausübung dieses Hasses bietet,
oder – das Bild umkehrend – sie wird uns eine haßerfüllte,
gewaltsame, grausame Situation erleben lassen. Wir sollten also versuchen, Jesod keine verdorbene Nahrung
anzubieten, die wir dann auf dem Bankett unseres Lebens
serviert bekommen. Wir sollten eine bewußte Kontrolle
über das Schaffen von Vorstellungsbildern ausüben, das
die Funktion dieses Zentrums ist, und versuchen, inner-
lich immer sauber zu sein. Wir sollten uns bemühen, in

unseren Nächsten nur das Positive zu sehen, denn wenn wir allein das in ihnen enthaltene Negative erkennen, wird Jesod diese Bilder veräußerlichen, und wir werden aktiv diese Negativität in einer Kette ohne Ende erleben, bis wir lernen, das Schöne wahrzunehmen, das jedes Leben in sich trägt.

10. Malkuth ist unsere menschliche Erde, und von den Inhalten dieser Sephirah können wir lernen, uns besser zu verstehen. »Erkenne dich selbst«, wie ein aus der Antike stammender Leitsatz sagt, denn wenn wir uns kennen, wissen wir genau, warum wir negative Erfahrungen machen. Manche beklagen sich über die Schlechtigkeit ihrer Familienangehörigen, ihrer Freunde, einfach weil es ihnen nicht gelingt zu sehen, daß sich die negativen Kräfte in ihrem Innern eingenistet haben und ihr persönliches Jesod-Zentrum diese Bilder veräußerlicht. Würden sie sich besser kennenlernen, dann entdeckten sie diese intime Realität, und sie würden sich wandeln. Als Folge davon würde sich auch ihre äußere Realität verändern.

11. Der kosmische Plan vollzieht sich in uns, aber auch in der äußeren Welt, weshalb alles dem Gesetz der beiden Säulen und der einen oder anderen Sephirah untersteht. Unsere menschliche Aufgabe besteht darin zu entdecken, zu welchem Lebenszentrum jedes einzelne Objekt, Wesen, Ereignis, mit dem wir konfrontiert werden, gehört, so daß wir wissen, wie wir mit ihm umgehen sollen.

12. Hier folgt eine kleine Liste von Gegensatzpaaren, die der rechten und linken Säule angehören. Die Aufzählung ließe sich noch weit fortsetzen.

Linke Säule	Rechte Säule
Frau	Mann
Nacht	Tag
Vielfalt	Einzahl
Opfer, Strenge	Vergnügen, Toleranz
Traurigkeit	Freude
Form	Energie
Schwarz	Weiß
Aufbauende Macht	Planende Macht
Erkenntnis	Gnade

13. Jede Qualität, Fähigkeit oder jeder Seinszustand ist das unabdingbare Komplement seines Gegensatzes, wie dies bei Mann und Frau der Fall ist, so daß beide Gegensätze, der eine wie der andere, zu einer natürlichen Form hinstreben, und es ist ihre Fusion, woraus Bewußtsein und Leben entsteht.

14. Wenn eines dieser natürlichen Elemente sich zurückzieht und dazu tendiert, in der Sphäre seiner Säule zu verweilen, hört die kosmische Ordnung auf, in ihrer natürlichen Form zu wirken, und man sagt über denjenigen, der ein derartiges Hindernis errichtet, daß er »gegen die kosmische Ordnung verstößt«.

15. Beispielsweise sind Mann und Frau natürlicherweise dazu bestimmt, sich zu vereinen. Wenn diese Verbindung allein dem sexuellen Vergnügen dient, dann liegt hier in religiösen Begriffen eine Sünde vor, weil schöpferische Kräfte benutzt werden und dennoch nichts geschaffen wird (siehe die fünfzehnte Lektion). Aber es wird zu keinem Verstoß gegen die kosmische Ordnung führen.

16. Im Gegensatz dazu wird, wenn die sexuellen Beziehungen eine Person des gleichen Geschlechts zum Objekt haben, ein Verstoß gegen die kosmische Ordnung begangen. Dieser Irrtum wird in einem anderen Leben aufgearbeitet werden müssen, in dem das Individuum feststellen wird, daß sich die Dinge nicht so entwickeln, wie man erwarten könnte, und dies ist eines der schlimmsten Schicksale, die einem widerfahren können: Die Fähigkeiten dienen plötzlich nicht mehr dazu, um das zu erhalten, was mit ihnen normalerweise erreicht werden kann; die Absichten werden nicht korrekt interpretiert; die gebrauchten Objekte dienen nicht für das, wofür sie eigentlich geschaffen und vorhanden sind; die Erde gibt nicht die erwartete Ernte. Wer sich der Strenge eines solchen Karmas unterstellt, glaubt, in eine absurde und unverständliche Welt geraten zu sein.

17. In obiger Aufstellung sehen wir, daß die Nacht der Frau entspricht und der Tag dem Mann. Daraus ergibt sich, daß bei der Aufnahme einer Liebesbeziehung der Mann der Frau seine Liebe erklären und sie so in die Sphäre des Lichts mitnehmen sollte.

18. Geht es um die Aufgabe der Zeugung, um den Bau eines neuen Körpers, dann sollte dies in der Nacht stattfinden, da es sich um eine Arbeit handelt, die zur linken Säule gehört.

19. Wir haben über Sexualität gesprochen, doch ähnliches könnte über andere Aspekte gesagt werden: Jene, die im Bereich der Kontroverse leben und nicht die Einheit

suchen, diejenigen, die leidenschaftlich das suchen, das ausschließt, absondert, trennt – auch sie verstoßen gegen die kosmische Ordnung. Es gibt in der rechten Säule einige beständige Werte, die in der linken ihren materiellen und zeitweiligen Ausdruck finden sollten, und wer mit den Werten der rechten Säule arbeitet, muß sich der Notwendigkeit des Übergangsmäßigen, der zeitlich begrenzten Natur des Werkes, das er durchführt, bewußt sein. Wer mit den Werten der linken Säule arbeitet, muß mit all seinen Kräften nach der Verschmelzung mit dem gegensätzlichen Element trachten.

20. Daß sich die Frau in der Säule Binahs befindet, ist kein Zufall, denn sie ist die Trägerin der neuen Welt, des Sohnes. Dies zu betonen wäre überflüssig, wenn wir nicht in einer Gesellschaft lebten, die besessen ist von Männlichkeits- versus Weiblichkeitsvorstellungen und über ihre Werte in vollständige Verwirrung geraten ist. Das Geschlecht wechselt von der einen zur anderen Existenz, und alle Seelen müssen die gleichen Beschränkungen erleben.

21. Im sephirothischen Baum ist die Frau Binah und der Mann Chesed; das heißt, die Frau geht aus der Wurzel hervor, die auf einem höheren Niveau als die des Mannes liegt, wodurch sie – gleich, welche Rolle sie neben dem Mann spielt – immer ein bißchen seine Mutter und vor allem die Trägerin höherer moralischer Werte als jene des Mannes ist. Wenn es einer Frau nicht gelingt, sich mit der von Binah repräsentierten Welt der moralischen Werte zu identifizieren, »fällt« sie auf das tiefere Niveau Geburahs

und spiegelt in sich das wilde Antlitz von Mars, dem Krieger, wider, wodurch sie sich unterhalb des Niveaus Chesed, des Mannes, begibt.

22. Zu dieser Lektion gibt es keine Fragen. Die Arbeit des Lesers kann nun darin bestehen, sich jede der zweiundzwanzig Lektionen vorzunehmen und daraus zweiundzwanzig Regeln für die tägliche Lebensführung zu erstellen, zum Beispiel: Unter Punkt 11 der ersten Lektion lesen wir, daß Gott einen Raum begrenzte, um sein Werk zu vollbringen. Daraus ziehe ich die Konsequenz, daß ich – ein Mensch, nach seiner Vorstellung als Ebenbild geschaffen –, wenn ich irgendein Werk durchführen will, zuvor einen Raum materiell wie moralisch abstecken werde, damit ich mein Werk innerhalb bestimmter Grenzen ausführen kann, um dabei nicht in die Werke meiner Nachbarn einzugreifen.

Kabaleb
Calle Gerona, 55, I
Barcelona 10
España